DISCOVER
CHINA

发 现 中 国

Museums

博物馆

林德汤 编

北京出版集团
北京出版社

图书在版编目（CIP）数据

博物馆 / 林德汤编. — 北京：北京出版社，2022.3（2024.7重印）
（发现中国）
ISBN 978-7-200-16854-9

Ⅰ. ①博… Ⅱ. ①林… Ⅲ. ①博物馆 — 介绍 — 中国 Ⅳ. ①G269.26

中国版本图书馆CIP数据核字（2021）第256003号

策　　划：黄雯雯
责任编辑：杨薪誉
责任校对：刘孜慧
封面设计：王红卫　刘星池
内文设计：魏建欣
责任印制：齐　颖

发现中国
博物馆
BOWUGUAN

林　德　汤　编

*

北 京 出 版 集 团
北 京 出 版 社　出版
（北京北三环中路6号）
邮政编码：100120

网　　址：www.bph.com.cn
北 京 出 版 集 团 总 发 行
新 华 书 店 经 销
北京华联印刷有限公司印刷

*

710毫米×1000毫米　16开本　14印张　246千字
2022年3月第1版　2024年7月第2次印刷
ISBN 978-7-200-16854-9
定价：78.00元
如有印装质量问题，由本社负责调换
质量监督电话：010-58572393

前　言

中国有着五千年的历史，在960万平方千米的中华大地上孕育了特色鲜明的文化与无穷的智慧。如今，众多蕴含文化与智慧的文物被分门别类地安放在不同的博物馆中，玉器、青铜器、书法、绘画、古籍、瓷器、家具、服装，以及武器装备、车马鞍轿等，都是历史发展脉络的见证者，生动而活跃。不同的博物馆也因此有了各自的属性和味道。风姿各异的博物馆成了中华大地上一道亮丽的风景。

博物馆是对文化的精致阐释，能够满足人们对知识、文化、审美的需求。它反映了社会的进步、生活观念的变革与创新，凸显了人们生活方式的改变，走进博物馆，就如同翻开了一部社会生活的百科全书。不仅如此，博物馆还记录了不同文化之间的交融与发展，突出了在国际文化视野下的中华文化的重要作用。因此，走进博物馆，读懂博物馆，更是传承博大精深的中华文化的重要方式。

在博物馆里，人们可以透过文物看到人类活动轨迹的变迁，可以看到真实的古代社会生活，博物馆里的每一件文物都会在你的头脑中铺陈出错综复杂但又条理清晰的知识线索，带你探索古代中国的奇妙。

本书遴选了几十家中国知名的博物馆，这些博物馆展现了中华文化的不同侧面，编者将它们分成了六大部分进行介绍，如第一部分"荟萃中华，包罗万千"中介绍了有着600年历史的故宫博物院，还介绍了有着浓厚地方历史特色的四川博物院、山西博物院等；第二部分"星火燎原，势不可当"展现了中华民族反抗封建压迫、争取民族解放的伟大历程，既有展现中华儿女 14 年抗战史的中国人民抗日战争纪念馆，也有讲述革命根据地特色的延安革命纪念馆等。而"巧夺天工，源远流长""温故知新，日新月异""风云际会，群贤毕至""术业有专攻"等四大部分则介绍了极具特色的历史艺术、名人故居、自然科学博物馆等。

  翻开本书，读者不仅可以欣赏到特色的博物馆，还可以了解著名博物馆的馆藏精品，更能观赏到独树一帜的博物馆建筑，在游览中感受中华文明的源远流长和气势磅礴。希望所有的人都可以感受到中国劳动人民的智慧和勤劳，不只是用眼睛欣赏生活的美好，更能够用双手和双脚去触碰路上的美好。

目 录

第一章

荟萃中华

001

故宫博物院	002
中国国家博物馆	005
陕西历史博物馆	008
上海博物馆	011
辽宁省博物馆	014
湖北省博物馆	016
浙江省博物馆	018
河南博物院	020
天津博物馆	022
南京博物院	024
首都博物馆	027
沈阳故宫博物院	030
湖南省博物馆	032
山西博物院	036
四川博物院	038

第二章

星火燎原

041

中国人民革命军事博物馆	042
中国人民抗日战争纪念馆	046
西柏坡纪念馆	048
"九·一八"历史博物馆	052
中国共产党第一次全国代表大会会址纪念馆	054
侵华日军南京大屠杀遇难同胞纪念馆	056
古田会议纪念馆	058

南昌八一起义纪念馆⋯⋯⋯⋯⋯⋯⋯⋯ 060
中国海军博物馆⋯⋯⋯⋯⋯⋯⋯⋯⋯ 062
遵义会议纪念馆⋯⋯⋯⋯⋯⋯⋯⋯⋯ 067
延安革命纪念馆⋯⋯⋯⋯⋯⋯⋯⋯⋯ 070
井冈山革命博物馆⋯⋯⋯⋯⋯⋯⋯⋯ 072
中央革命根据地历史博物馆⋯⋯⋯⋯ 074
中国甲午战争博物馆⋯⋯⋯⋯⋯⋯⋯ 076
辛亥革命武昌起义纪念馆⋯⋯⋯⋯⋯ 080

第三章

巧夺天工

083

周口店遗址博物馆⋯⋯⋯⋯⋯⋯⋯⋯ 084
南阳汉画馆⋯⋯⋯⋯⋯⋯⋯⋯⋯⋯⋯ 088
秦始皇帝陵博物院⋯⋯⋯⋯⋯⋯⋯⋯ 090
西安碑林博物馆⋯⋯⋯⋯⋯⋯⋯⋯⋯ 094
西安半坡博物馆⋯⋯⋯⋯⋯⋯⋯⋯⋯ 096
重庆中国三峡博物馆⋯⋯⋯⋯⋯⋯⋯ 098
金沙遗址博物馆⋯⋯⋯⋯⋯⋯⋯⋯⋯ 101
成都武侯祠博物馆⋯⋯⋯⋯⋯⋯⋯⋯ 103
西汉南越王博物馆⋯⋯⋯⋯⋯⋯⋯⋯ 105
汉景帝阳陵博物院⋯⋯⋯⋯⋯⋯⋯⋯ 107
三星堆博物馆⋯⋯⋯⋯⋯⋯⋯⋯⋯⋯ 109
伪满皇宫博物院⋯⋯⋯⋯⋯⋯⋯⋯⋯ 112
瑷珲历史陈列馆⋯⋯⋯⋯⋯⋯⋯⋯⋯ 114

第四章

温故知新

119

中国科学技术馆⋯⋯⋯⋯⋯⋯⋯⋯⋯ 120
北京自然博物馆⋯⋯⋯⋯⋯⋯⋯⋯⋯ 124
中国航空博物馆⋯⋯⋯⋯⋯⋯⋯⋯⋯ 126
北京天文馆⋯⋯⋯⋯⋯⋯⋯⋯⋯⋯⋯ 129
中国农业博物馆⋯⋯⋯⋯⋯⋯⋯⋯⋯ 132
东北师范大学自然博物馆暨吉林省自然
博物馆⋯⋯⋯⋯⋯⋯⋯⋯⋯⋯⋯⋯⋯ 134
中国地质博物馆⋯⋯⋯⋯⋯⋯⋯⋯⋯ 136
重庆自然博物馆⋯⋯⋯⋯⋯⋯⋯⋯⋯ 138

	浙江自然博物馆	140
	自贡恐龙博物馆	142

第五章

风云际会

145

北京鲁迅博物馆		146
恭王府博物馆		148
周恩来邓颖超纪念馆		150
抚顺市雷锋纪念馆		152
林则徐纪念馆		154
陈云纪念馆		156
韶山毛泽东同志纪念馆		159
刘少奇同志纪念馆		161
孙中山故居纪念馆		164
焦裕禄同志纪念馆		166
邓小平故居陈列馆		169
成都杜甫草堂博物馆		171

第六章

术有专攻

175

中国煤炭博物馆		176
中国丝绸博物馆		178
广东民间工艺博物馆		180
云南民族博物馆		183
泉州海外交通史博物馆		185
安徽中国徽州文化博物馆		187
中山舰博物馆		190
中国闽台缘博物馆		194
长沙简牍博物馆		199
宝鸡青铜器博物院		203
中国电影博物馆		205
中国紫檀博物馆		207
北京汽车博物馆		209
中国状元博物馆		211
中国文字博物馆		213

参考资料 ………… 215

陕古

AANXI ANCIE

第一章

荟萃中华

一方水土养一方人，博物馆更是为一方水土增添了人文色彩。走进各地的博物馆，便能领略这方水土的特色。

故宫博物院

——城中之城，艺术宝库

坐标：北京市

博物馆等级：国家一级

荣誉：国家 AAAAA 级旅游景区

中国最大的古代文化艺术博物馆

全国重点文物保护单位

世界文化遗产

在北京市天安门的北面，有一座"城中城"，这座城就是故宫。如今，故宫已历经600年风风雨雨。而故宫博物院就是在这座城的基础上建立的。走进故宫博物院，在鳞次栉比、高低起伏的各类殿庑亭阁奏响的建筑乐章中，感受盛世皇朝的广阔胸襟；走进故宫的东西六宫，透过相得益彰的精巧陈设和雅致布局，捕捉宫廷生活的温柔婉约之气；走进故宫的养心殿，掀起东暖阁垂着的黄色纱帘，中华民族经历过的内忧外患的历史沧桑随之溢满自己的胸膛。

◎ 600 年的紫禁城

故宫为明、清两朝的皇宫，旧称"紫禁城"，1925 年起被称为"故宫"，始建于明永乐四年（1406 年），永乐十八年（1420 年）建成。1914 年，故宫的前半部设立古物陈列所，1925 年故宫的后半部设立故宫博物院，1947 年两者合并，统称为"故宫博物院"。故宫四周环绕着高达 10 米的城墙，南北长 961 米，东西宽 753 米，占地面积 72 万平方米，四面城墙上各开有一座城门，四角设有角楼，城外是 52 米宽的护城河。

1. 故宫博物院内的青铜狮
2. 金錾花如意
3. 汽船式风雨表

　　走进故宫博物院，你可以沿着这座古城的中轴线向前，去欣赏中国古代建筑艺术的独特风格。整个建筑群采取严格的院落式布局，现存大小院落90余座、房屋980座，建筑面积约15万平方米，是中国现存最宏伟、保存最完整的古代宫殿建筑群。

故宫博物院全景

◎ 走进故宫，见证国之不凡

　　清王朝宫廷的旧藏是目前故宫博物院文物收藏的主要来源。目前，藏品总量已达180余万件（套），共分为二十五大类，主要藏品包括明清宫廷文物类、古建类、图书类。其中，一级藏品8000余件（套），堪称艺术的宝库。除了青铜器馆、陶瓷馆、玉器馆、戏曲馆、书画馆、珍宝馆、钟表馆等各种艺术藏品的专馆，为了答谢各界人士向故宫博物院捐赠文物的无私奉献之举，故宫博物院专门设立了景仁宫捐献文物专馆，馆内设置了"景仁榜"，镌刻历年来捐赠者的姓名。

中国国家博物馆

——百年国博，见证复兴

坐标：北京市
博物馆等级：国家一级
荣誉：世界上单体建筑面积最大的博物馆
　　　　全世界最受游客欢迎的博物馆之一

《井冈山会师》《北平解放》《百万雄师下江南》……一幅幅画作展示着中华儿女为了中华民族的未来英勇奋战的曲折历程；毛泽东用过的话筒、中华人民共和国的第一面国旗……一件件物品向参观者讲述着开国大典的盛况。走进中国国家博物馆，就如同打开了一本关于中华优秀文化的百科全书，在这里，定能深切地感受生生不息的中华文明，理解伟大的中华民族精神。

◎ 百年底蕴

作为世界上单体建筑面积最大的博物馆，中国国家博物馆的建筑面积近20万平方米，现有藏品数量140余万件（套）。1912年，国立历史博物馆筹备处以国子监为馆址成立，便是中国国家博物馆的前身；1949年，国立历史博物馆改名为国立北京历史博物馆；1960年，国立北京历史博物馆更名为中国历史博物馆，中央革命博物馆更名为中国革命博物馆；2003年，中国革命博物馆和中国历史博物馆合并，正式组建中国国家博物馆；2007年，中国国家博物馆改动扩建；2011年，中国国家博物馆新馆开放。

中国国家博物馆外景

青铜器展厅的三足鼎

殊方共享——丝绸之路中国国家博物馆文物精品展

人面鱼纹彩陶盆、鹳鱼石斧图彩陶缸、玉龙、"妇好"青铜鸮尊、四羊青铜方尊、乾隆霁青金彩海晏河清尊……见证着古代中国的发展;"虎门抗英""渡江战役""开国大典""飞天揽月"等紧紧抓住"伟大的民族复兴"主题,在浓厚的艺术氛围中昭示着中华文化的源远流长和民族崛起的惊天动地。

◎ 新时代的强大祖国

"复兴之路·新时代部分"作为中国国家博物馆的基本陈列,以"不忘初心 砥砺奋进 不断开创新时代中国特色社会主义事业新局面"为主题,设立10个展览单元,全面展示了党中央开启决胜全面建成小康社会、夺取新时代中国特色社会主义伟大胜利、实现中华民族伟大复兴的中国梦、实现人民对美好生活的向往的新征程。

陕西历史博物馆

——古都明珠，华夏宝库

坐标： 陕西省西安市
博物馆等级： 国家一级
荣誉： 国家 AAAA 级旅游景区
　　　　中国第一座大型现代化国家级博物馆
　　　　全国中小学生研学实践教育基地

中国历史上曾经有13个封建王朝将西安市作为都城，三秦大地也因此成了中华民族繁衍生息的重要地区之一。在西安市大雁塔的西北方有一处唐代风格的建筑群，主次分明，错落有致。这处建筑群便是代表着陕西独特的历史文化风貌的陕西历史博物馆，汇集了三秦大地文物的精华。

◎ 中央殿堂，四隅崇楼

陕西历史博物馆于1991年建成开馆，这座博物馆的建成标志着中国博物馆的发展迈进了新的阶段。博物馆整体建筑结合了现代功能与传统布局，采用了包容开放的唐朝风格，占地面积6.5万平方米，建筑面积5.56万平方米，展厅面积1.1万平方米。博物馆白墙、灰瓦，还有暖色调的琉璃瓦，处处体现着中华文化的古典与高雅，灰色花岗岩贴面的圆形柱子在让人获得传统审美观感的同时，更体现了时代的风格。

名《唐人宫乐图》（局部）

参观展览馆的游人

◎ 荟萃百万年文化精髓

作为一座综合性历史类博物馆，陕西历史博物馆有着基本陈列、专题陈列和临时展览相辅相成、相得益彰的展览系统。

基本陈列名为"陕西古代文明"，共展出2000多件（组）文物。蓝田人、大荔人等远古先民用过的简易石器工具，还有百万年前遗留下来的文化旧址，向我们展示了陕西省史前文明和中华民族初生的蓬勃生机；西周、秦、汉、魏晋、南北朝以及隋、唐等封建王朝的文物展示，代表着当时繁花似锦的社会经济和生活，从各个方面展现了中国古

1. 三彩三花马
2. 金龙
3. 浮雕

代社会作为盛世王朝的姿态。百万年的时间跨度与发展历程，文物多而全，让人目不暇接：商周青铜器精美绝伦，历代陶俑千姿百态，汉唐金银器独步全国，唐墓壁画举世无双。

专题陈列中的"唐代壁画珍品馆"，展示了唐墓的壁画精品近600幅，将兼收并蓄、创新发展的盛唐文化描绘得形象而生动。

上海博物馆

——汇聚精品，各具特色

坐标：上海市
博物馆等级：国家一级
荣誉：国家 AAAA 级旅游景区
　　　　上海市爱国主义教育基地

包容是上海这座国际化大都市的特点，想要真正了解这座城市的文化内涵，就不得不去上海博物馆走一走。

◎ 海纳百川，汇聚精品

上海博物馆创建于 1952 年，是一座大型的中国古代艺术博物馆，馆藏文物近 102 万件，其中珍贵文物 14 万余件。这些馆藏文物包括青铜器、陶瓷、书画、雕塑、甲骨、符印、货币、玉器、家具、织绣、漆器、竹木牙角、少数民族文物等 31 个门类，分别展示在 10 个艺术陈列专馆、4 个文物捐赠专室和 3 个特别展览厅内。这些文物中有很大一部分来自全国不同的地区，汇聚了不同地域的历史文化精品。

◎ 特色藏品层出不穷

上海博物馆的藏品中有 3 类最具代表性：一是陶瓷类藏品，如清乾隆胭脂红彩缠枝螭龙纹瓶、元景德镇窑青花缠枝牡丹纹瓶、五代邢窑白釉穿带壶、五代白釉镂雕殿宇人物枕、五代定窑白釉"官"字划花莲瓣纹盖罐等；二是青铜器类藏品，以具有长篇铭文和著录的青铜器为特色；三是书画类藏品，如五代董源的《夏山图》、北宋巨然的《万壑松风图》、宋徽宗的《柳鸦芦雁图》等。

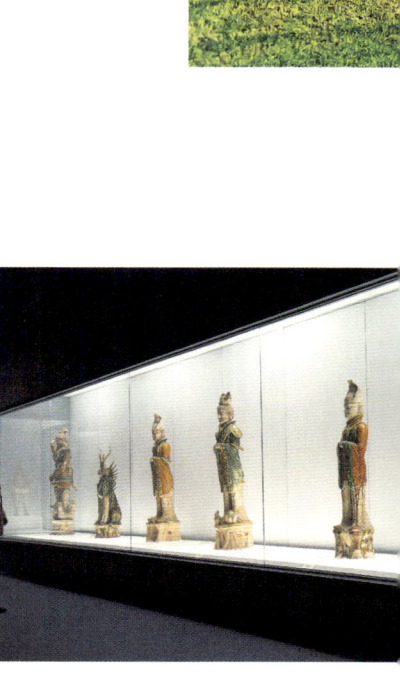

上海博物馆全景

1. 少数民族馆的少数民族服饰
2. 清代红木金漆嵌象牙宝座、屏风
3. 唐三彩组俑

第一章 荟萃中华 / 013

辽宁省博物馆

——多民族文化历史的见证者

坐标： 辽宁省沈阳市
博物馆等级： 国家一级
荣誉： 中华人民共和国建立的第一座博物馆
全国中小学生研学实践教育基地

白玉猪龙

从20多万年前的红山文化到秦汉之后的匈奴、鲜卑、高句丽、契丹、女真等族先后建立自己的政权，在多民族文化不断碰撞融合的过程中，在辽宁这片写满传奇的土地上生发了多彩的历史文化，让辽宁成了中华文明的发祥地之一。辽宁省博物馆静静地矗立在这里，以丰富的文物资料，向我们讲述着那些曾经的传奇。

◎ 馆藏丰富，规模宏大

辽宁省博物馆占地面积8.32万平方米，建筑面积10万多平方米，其中陈列展览区的建筑面积近4.3万平方米，展厅使用面积2.4

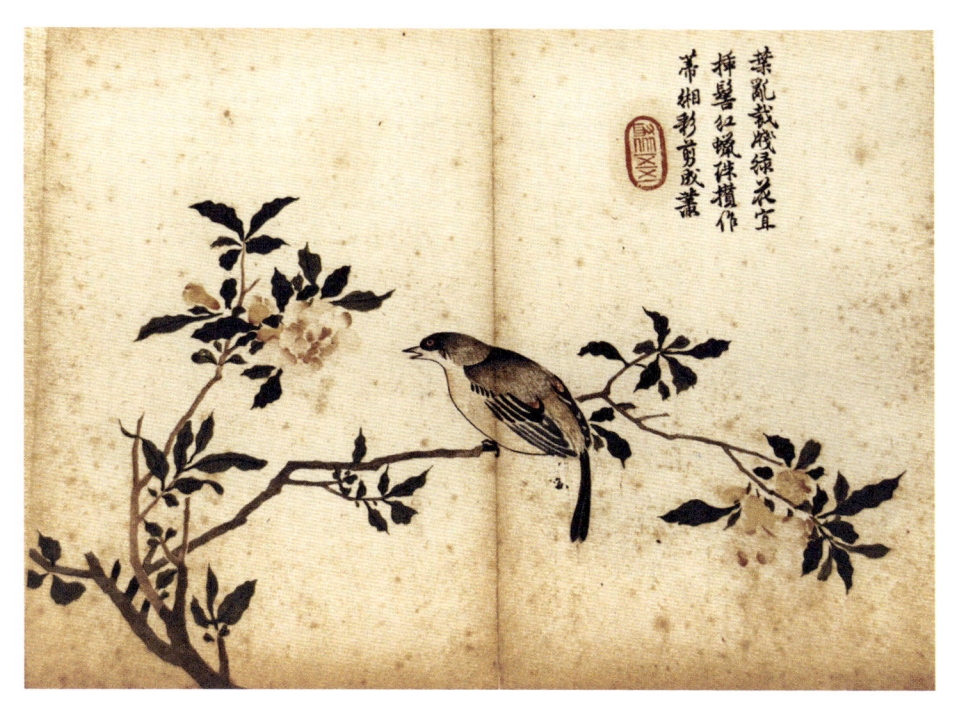

馆藏书画

万多平方米，展厅 22 个。辽宁省博物馆一直将传承和保护中华民族优秀传统文化作为自己的责任，以馆藏丰富、特色鲜明而闻名世界，近 12 万件（套）的馆藏文物中有珍贵文物数万件，馆藏文物分为考古、书画、雕刻、陶瓷、丝绣、服饰、青铜器、货币、漆器、景泰蓝、家具、古生物、少数民族文物、甲骨、碑志、古籍等 18 个门类。

◎ 特色鲜明，精品众多

辽宁省博物馆的近 12 万件（套）藏品包括晋唐宋元的书画、宋元明清的缂丝刺绣、红山文化玉器、商周时期窖藏青铜器、辽代瓷器、历代碑志、明清版画、古地图、历代货币等。而红山文化玉器的代表是目前所知时代最早的龙形器物——玉猪龙，猪首龙身，造型豪放；《簪花仕女图》则是绘画作品中的精品，为唐代开元时期周昉所画，周昉最擅长画的就是贵族妇女，宋代《太平广记·周昉传》称其为"画子女为古今之冠"。正是诸如此类的馆藏精品构建了特色鲜明、影响力巨大的辽宁省博物馆。

湖北省博物馆
——荆楚文化发展新篇章

坐标：湖北省武汉市
博物馆等级：国家一级
荣誉：国家AAAAA级旅游景区
　　　国家文物局挂牌的饱水漆木器保护基地
　　　全国中小学生研学实践教育基地

神农遍尝百草，楚庄王一鸣惊人，屈原吟诵《楚辞》，勾践卧薪尝胆……荆楚大地被多位人物点缀着，成为中华文明的重要组成部分。收藏着郧县人头骨化石、越王勾践剑、曾侯乙编钟和元代青花四爱图梅瓶的湖北省博物馆便是这片土地上一颗璀璨的明珠。

◎ 荆楚文化展示之窗口

湖北省博物馆占地面积约8.2万平方米，建筑面积约5万平方米，主要建筑布局呈一个巨大的"品"字形，建筑整体为楚式建筑风格。在绿荫掩映之下，高台基、宽屋檐、大坡面屋顶的仿古建筑鼎足而立，充满浓郁的楚文化氛围。

博物馆现有常设展览10余个，其中包括"楚文化展""郧县人——长江中游的远古人类""屈家岭——长江中游的史前文化""盘龙城——长江中游的青铜文明""曾侯乙""九连墩纪事""书写历史——战国秦汉简牍展""秦汉漆器艺术""梁庄王墓——郑和时代的瑰宝""荆楚百年英杰"等。

1. 湖北省博物馆外景
2. 曾侯乙编钟
3. 金花丝镶宝石带

◎ 编钟乐舞，再现盛况

　　湖北省博物馆现在共有24万多件藏品，其中郧县人头骨化石、越王勾践剑、曾侯乙编钟和元代青花四爱图梅瓶更是博物馆的"镇馆之宝"。

　　举世闻名的曾侯乙编钟音色优美，音域宽广，编钟乐舞特色鲜明，为前来参观的人所喜爱。因此，博物馆的编钟乐团以全套的曾侯乙编钟、编磬的复制品为核心，再加上多种出土的古代乐器复制品，进一步将古时的宫廷歌舞在现代的艺术舞台上展示出来。

浙江省博物馆

——皇家藏书楼之所在

坐标：浙江省杭州市
博物馆等级：国家一级
荣誉：全国文化体制改革工作先进单位
全国爱国主义教育示范基地

"法老的国度"展览中的展品

乾隆末年，文澜阁《四库全书》排架集齐，正式与世人见面。自此，杭州有了一座真正的公共图书馆，一座士人能够进入其中博览群书的皇家藏书楼。这座藏书楼现在是浙江省博物馆的一部分。

◎ 馆藏文物极具地域特色

浙江省博物馆经历了90多年的发展，已成为浙江省规模最大的综合性人文科学博物馆，包括孤山馆区、武林馆区、文澜阁、浙江西湖美术馆、黄宾虹纪念室、沙孟海旧居、浙江省文保科研基地等，馆藏文物及标本10万多件。其中，河姆渡文化遗物、良渚

文澜阁内部

文化玉器、越窑和龙泉窑青瓷、宋代湖州镜、历代漆器等均为极能体现地域特色的文化瑰宝。

◎ 历史与现代的碰撞

目前，浙江省博物馆设有两个基本陈列，"越地长歌——浙江历史文化陈列"和"钱江潮——浙江现代革命历史陈列"。博物馆还设有"昆山片玉——中国古代陶瓷陈列""重华绮芳——宋元明清漆器艺术陈列""文澜遗泽——文澜阁与《四库全书》"等专题陈列。

其中，浙江省博物馆武林馆区的"钱江潮——浙江现代革命历史陈列"按照时间顺序，通过珍贵的历史图片、文物以及大型的油画、雕塑作品，展示了中国共产党领导浙江人民赢得浙江解放的光荣历史。整个陈列的展示面积约1700平方米。

河南博物院

——中原文化，源远流长

坐标：河南省郑州市
博物馆等级：国家一级
荣誉：全国中小学生研学实践教育基地

莲鹤方壶

北依太行，南接汉淮，西踞伏牛，东引齐鲁，河南被九曲回转的黄河拥在怀中，中华文明在这里开启。殷墟之甲骨，《周易》与《老子》，夏朝之都城，中原儿女挥毫泼墨，一笔笔描绘出中原文化的惊世奇迹；字圣许慎、医圣张仲景、画圣吴道子、诗圣杜甫……无数的名人贤士在这里出生，在这里成长。

◎ 九鼎定中原

1927年，河南博物院在开封创建，后迁到郑州；1998年，新馆建成开放，

1 | 2　　1. 汝窑天蓝釉刻花鹅颈瓶
　　　　2. 河南博物院外景

院区占地面积10万多平方米。为了体现中原文化历史悠久、博大精深，博物院以元代观星台为基础外观，整体建筑的布局采用了中轴对称、主从有序的手法，象征"九鼎定中原"。

如今，已经走过90多春秋的河南博物院作为中国历史上成立较早的博物馆，是中国历史上风风雨雨的见证者。博物院现有藏品17万余件（套），其中以青铜器、玉石、陶瓷、石刻造像等最具特色。

◎ 镇馆之宝，为天下先

北宋时期的五大名窑有3个位于河南省，分别为汝窑、官窑、钧窑，其中汝窑居五大名窑之首，有"天下名瓷，汝窑为魁"之说。河南博物院馆藏的汝窑天蓝釉刻花鹅颈瓶，大底小口，整体造型线条流畅，呈"S"形，为传世罕见。另外，馆藏的武则天金简是中国目前发现的唯一一枚金简，更是迄今为止发现的唯一一件与武则天本人有关的可以被移动的文物。

而馆藏的莲鹤方壶则是青铜时代的承上启下之作，郭沫若曾点评："此壶（莲鹤方壶）全身均浓重奇诡之传统花纹，予人以无名之压迫，几可窒息。"

天津博物馆

——百年天博，现代新生

坐标：天津市
博物馆等级：国家一级
荣誉：全国青少年爱国主义教育基地

从不毛之地发展为一座运河城市，古往今来，天津因为河、海交汇与毗邻首都北京而成了军队屯驻、人口聚集、漕运与商品流通的枢纽；近代百年，中华儿女更是为了争取民族解放在津沽大地上浴血奋战，进行了无比艰辛的探索和斗争。

天津博物馆外景

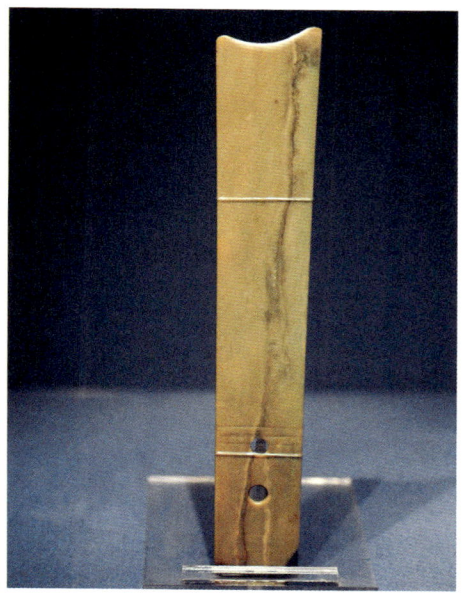

1 | 2
1. 泥鎏金铜嵌松石文殊菩萨像
2. 青玉璋

◎ 留存百年记忆

天津博物馆是中国成立时间较早的博物馆，其前身天津博物院成立于1918年，至今已经有百余年的历史。作为一座历史艺术类综合性博物馆，天津博物馆的藏品以中国历代艺术品和近现代历史文献、地方史料为主，目前馆内各类藏品近20万件。另外，天津博物馆还收藏有20多万册图书资料，内容涉及各种专业。

◎ 传承文明希望

2012年，天津博物馆新馆建成开放，散发着现代化博物馆的蓬勃向上的气息。新馆总建筑面积6.4万多平方米，其中展厅面积1.4万平方米，库房面积1.1万平方米。作为天津地区最大的大型公益性文化机构和对外文化交流的窗口，天津博物馆设有"天津人文的由来"（古代天津）、"中华百年看天津"（近代天津）和"耀世奇珍——馆藏文物精品陈列"等3个基本陈列。除此之外，天津博物馆还设有书法、绘画、瓷器、玉器、吉祥文化、文房清供、民间艺术等8个专题陈列。

南京博物院

——中华文脉，苏韵流芳

坐标：江苏省南京市
博物馆等级：国家一级
荣誉：国家 AAAA 级旅游景区
　　　中央地方共建国家级博物馆
　　　全国重点文物保护单位
　　　全国爱国主义教育示范基地

东汉铜牛灯

由古而今，江苏是中华文明重要的发源地之一，它在江水的滋养下发展，是人才辈出之地。在书香浓厚的土地上，世世代代的江苏人勤奋劳作，不断进取，才有了名满古今的物质文明和惊艳奇绝的非物质文化遗产。而南京博物院则是展览这些文化财富的宝地之一。

◎ 古朴大殿，金玉其中

南京博物院占地面积 7 万多平方米，总建筑面积 8.48 万平方米，展厅面积 2.6 万平方米，庄严雄浑的大殿是南京市的标志性历史文化景观。博物院整体建筑秉持"金镶玉成，

1. 南京博物院外景
2. 民国馆内的老火车站
3. 装饰天井

宝藏其中"的布局理念，传统元素与现代气息在这里和谐辉映，圆融汇聚。

南京博物院现有各类藏品43万余件（套），这些藏品有的是由宫廷传于后世的珍品，有的是经考古发掘而来，还有一些来源于社会征集及捐赠。而这些文物不仅分成了青铜器、玉石、陶瓷、金银器皿、竹木牙角、漆器、丝织刺绣、书画、印玺、碑刻造像等品类，且各自形成历史系

古代墓葬考古发掘现场

列，上起旧石器时代，下至当代，最为直接地证明了中华文明的数千年发展历程。

◎ "一院六馆"，井然有序

2013年，南京博物院二期改扩建工程完成，不但保留以紫金山为背景的天际线以及以大殿为主体的历史馆，还改造旧馆、扩建新馆，最终建成了"一院六馆"。6个场馆分别为历史馆、艺术馆、特展馆、数字馆、非遗馆、民国馆。其中，数字馆以穿越时空的虚拟"时光隧道"营造了时光如白驹过隙，转瞬即沧海桑田的情境；非遗馆以弘扬中华优秀传统文化为目的，汇聚了江苏省入选"人类非物质文化遗产代表作名录"和"国家级非物质文化遗产名录"的项目；而民国馆则会让游览者重温民国时期南京的社会生活风情。

首都博物馆

——古典与现代碰撞的火花

坐标：北京市

博物馆等级：国家一级

荣誉：全国科普教育基地

全国爱国主义教育示范基地

北京是中国的文化中心、历史文化名城，更是一座国际化的大都市，首都博物馆作为与之相称的现代化博物馆，得到了国内外人士的广泛赞誉。

◎ 古典美与现代美和谐相融的经典建筑

1981年，位于北京孔庙的首都博物馆正式对外开放；2006年，首都博物馆新馆正式开馆。新馆建筑本着"以人为本，以文物为本，为社会服务"的设计理念，融合古典与现代风格，具有浓郁的民族特色。巨大的屋顶，通长的石质幕墙，厅外的地面镶嵌着清代丹陛，明代牌楼矗立在大厅内。而建筑材料大量选用青铜、木材和砖石，更是进一步凸显了厚重的历史。

◎ 极具北京特色的丰富展陈

首都博物馆的基本陈列包括"古都北京·历史文化篇""京城旧事——老北京民

1. 民俗馆的舞狮雕塑
2. 磁州窑白地黑花人物故事图枕
3. 博物馆大厅

俗展"。其中,"古都北京·历史文化篇"作为首都博物馆的品牌陈列,展示了深厚的北京文化和悠久的北京都城发展史。"京城旧事——老北京民俗展"更是通过一位"老北京"的自述回忆,展示了北京的民风民俗。而"古代瓷器艺术精品展""燕地青铜艺术精品展""古代书法艺术精品展""古代绘画艺术精品展""古代玉器艺术精品展""古代佛教艺术精品展"等六大精品陈列,是对北京文化展示的扩展和深入。

戏曲服饰

第一章 荟萃中华／029

沈阳故宫博物院
—— 一朝发祥地，两代帝王宫

坐标：辽宁省沈阳市
博物馆等级：国家一级
荣誉：世界文化遗产
　　　　全国重点文物保护单位

作为中国目前保留下来的最为完整的两大古代宫殿建筑群之一，沈阳故宫以独特的历史、地理条件和浓郁的民族特色区别于北京故宫。大政殿、崇政殿金龙盘柱，十王亭排如雁行，文溯阁古朴典雅，乾隆皇帝曾经这样赞美沈阳故宫："聿造故宫，故宫赫赫。"

◎ 清初皇家宫苑的风采

至今保存完整的沈阳故宫是清代初期的皇家宫苑，始建于1625年，占地面积6万多平方米，有古建筑100余座，历史文化内涵十分丰富。沈阳故宫的建筑风格在中国宫殿建筑历史上是空前绝后的，而在美轮美奂的宫廷遗址上建立的沈阳故宫博物院是著名的古代宫廷艺术博物馆。走进沈阳故宫博物院，参观者将从不同的角度体会一个王朝的兴起，更进一步了解一个民族的发展历程。

大政殿

◎ 读懂一个王朝和一个民族

  沈阳故宫博物院的院藏瑰宝是数万件清宫原藏宫廷遗物和历史文化珍品，让人眼花缭乱。步入沈阳故宫博物院，参观者如同打开了一部描写生动鲜活、内容厚重丰富的文化读本。

  沈阳故宫博物院收藏的极具历史研究价值的当数清宫帝后御用之物，如清入关前使用的满蒙文信牌、印牌，清代皇帝使用的弓箭、刀剑、马鞍，康熙、乾隆时期用于宫廷典礼的乐器，以及清历朝帝后玉宝、玉册，等等。而从质量和数量上来看，沈阳故宫博物院最为有名的是明清书画、清宫御用陈设工艺品和清代织绣服饰等。其中，清代书画藏品涉及从清初的"四王吴恽""金陵诸家"到清中期的扬州画派、宫廷绘画，再到清后期的海派等大家的作品。清代织绣服饰工艺成就则充分体现在皇帝后妃的御用服饰上。沈阳故宫博物院收藏的清代服饰多出自苏州、南京、杭州为宫廷服务的专门机构，织工、绣技无不精湛。

湖南省博物馆

——湖湘文化，鼎盛洞庭

坐标：湖南省长沙市
博物馆等级：国家一级
荣誉：中央地方共建的八个国家级重点博物馆之一
　　　湖南省最大的综合性历史艺术类博物馆

湖南是中国较早出现博物馆的省份之一。作为一座大型的综合性历史艺术类博物馆，湖南省博物馆承载和反映了湖湘文明。馆中藏品从史前打制石器到无比精致的青铜器，从马王堆汉墓出土的工艺复杂的精美漆器到明清时期的丹青妙笔，无一不体现着人类的智慧，无一不验证着湖湘文化的源远流长。

◎ 展示与创新交融的公共文化空间

作为长沙市的文化地标，湖南省博物馆建筑以"鼎盛洞庭"为创意源泉，以现陈列大楼为基础建设而成。其占地面积4.9万平方米，总建筑面积9.1万平方米，是人们了解湖湘文明进程、领略湖湘文化魅力的重要窗口。如今，湖南省博物馆的馆藏文物已超过18万件，设有"长沙马王堆汉墓陈列"和"湖南人——三湘历史文化陈列"两个基本陈列，还设有青铜器、陶瓷、书画、工艺4个专题展馆。

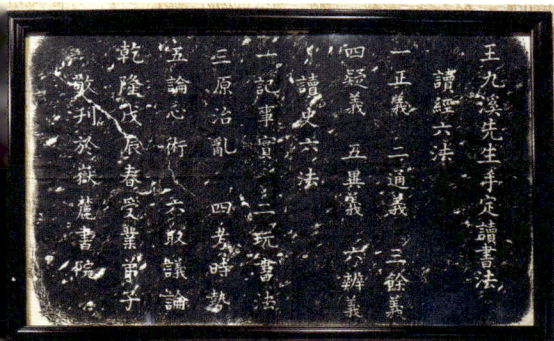

1. 长沙马王堆汉墓陈列展厅
2. 清拓清岳麓书院法帖
3. 商代豕形铜尊

◎ 汉初历史文明的标杆

"长沙马王堆汉墓陈列"展览面积5200多平方米，分为序厅及惊世发掘、生活与艺术、简帛典藏、永生之梦4个部分。长沙马王堆汉墓于1972—1974年被发掘，共出土了3000多件珍贵文物，完整呈现了汉代的生活方式和丧葬观念，是人们了解2000多年前的社会风貌的窗口，被誉为汉初历史文明的标杆。

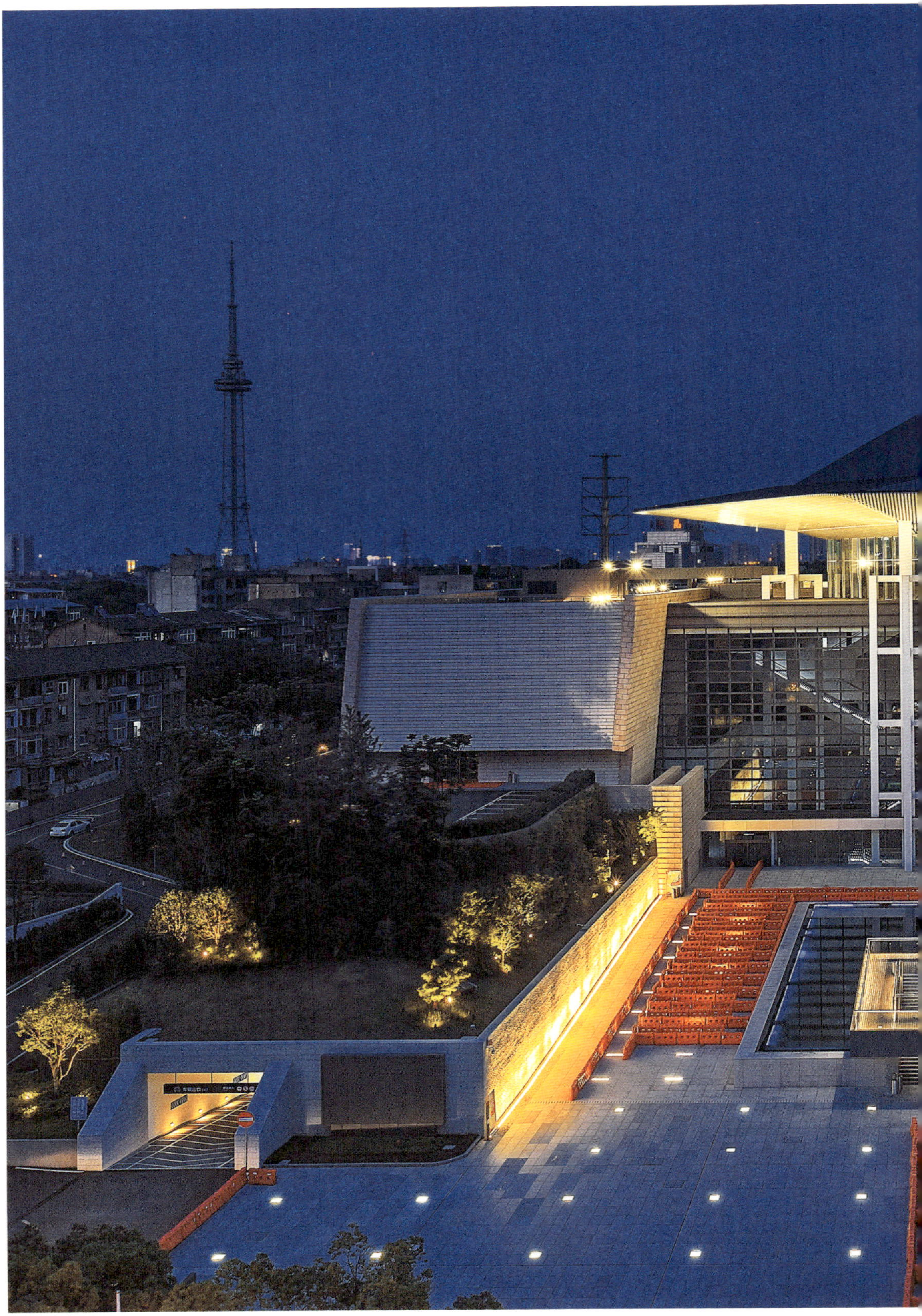

湖南省博物馆夜景

山西博物院

——三晋文化的传承者、垦拓者、引导者

坐标：山西省太原市
博物馆等级：国家一级
荣誉：全国中小学生研学实践教育基地

晋，山西省的简称，中华文化的荟萃之地：三晋文化脉络清晰，对中华文明的发展产生了巨大的影响；中华民族的母亲河——黄河，在山西境内奔流而过，孕育了坚忍质朴的黄土风情；自古"晋人善贾"，至明清之时，晋商声名远扬，在中国经济发展史上留下了浓墨重彩的一笔……

◎ 雄浑大气的文化地标

2004年，山西博物院新馆竣工，占地面积11.2万平方米，建筑面积5.2万平方米，是目前国内屈指可数的大型现代化综合性博物馆之一。整个建筑群包括主馆和4座角楼。主馆的造型如同一个大斗，象征着丰收与富足，又如同一个大鼎，象征着安定与吉祥。古人追求建筑应"如鸟斯革，如翚斯飞"，山西博物院通过现代建筑技术，完美地诠释了这一点。山西博物院建筑风格雄浑大气，是太原市重要的标志性建筑。

1. 山西博物院外景
2. 晋侯鸟尊
3. 铜牛车

◎ "晋魂"和"吉金光华"

山西博物院现有珍贵藏品50余万件，其中颇具代表性和特色的有新石器时代陶寺遗址文物、商代方国文物、两周时期晋及三晋文物、山西地方陶瓷、明清晋商文物等。

山西博物院的基本陈列包括"晋魂"和青铜器分馆的"吉金光华"。"晋魂"包括文明摇篮、夏商踪迹、晋国霸业、民族熔炉、佛风遗韵、戏曲故乡、明清晋商等7个历史文化专题和土木华章、山川精英、翰墨丹青、方圆世界、瓷苑艺葩等5个艺术专题。青铜器分馆的"吉金光华"包括三大部分，分别是华夏印迹、礼乐春秋、技艺模范。

四川博物院
——春风又绿浣花溪

坐标：四川省成都市
博物馆等级：国家一级
荣誉：西南地区最大的综合性博物馆

地处中国西南的四川素有"天府之国"的美称，诗仙李白曾经用"逶迤巴山尽，摇曳楚云行"描绘川蜀风景。历史的长河滚滚向前，无数名留青史的大家在这里留下了自己的足迹，这里也有了独具一格的川蜀文化。要了解这一文化，四川博物院正是一个好去处。

◎ 从1941年坚守至今的川博

四川博物院始建于1941年，是西南地区最大的综合性博物馆，在全国公共博物馆中的影响力亦不容小觑。四川博物院目前设有14个展厅，总面积1.2万平方米，常设展览有10个，分别是工艺美术、共和之光、藏传佛教文物、民族文物、书画、陶瓷、汉代陶石艺术、万佛寺石刻、巴蜀青铜器、张大千书画。除此之外，四川博物院还设有4

个临时展厅。

　　四川博物院共收藏文物32万余件(套),极具特色的藏品有张大千书画、巴蜀青铜器、汉代陶石等。其中,张大千的《簪花仕女图》《拥衾仕女图》《巫峡清秋图》等是精品画作,而战国填漆云纹铜方壶、战国兽面纹铜戈、战国凤鸟纹铜鼎等则是巴蜀青铜器中的精品。除此之外,四川博物院还有东汉讲经画像砖、东汉抚琴俑、东汉凤阙画像砖等汉代陶石藏品。

1	2
3	

1. 战国凤鸟纹铜鼎
2. 东汉舂米画像砖
3. 四川博物院外景

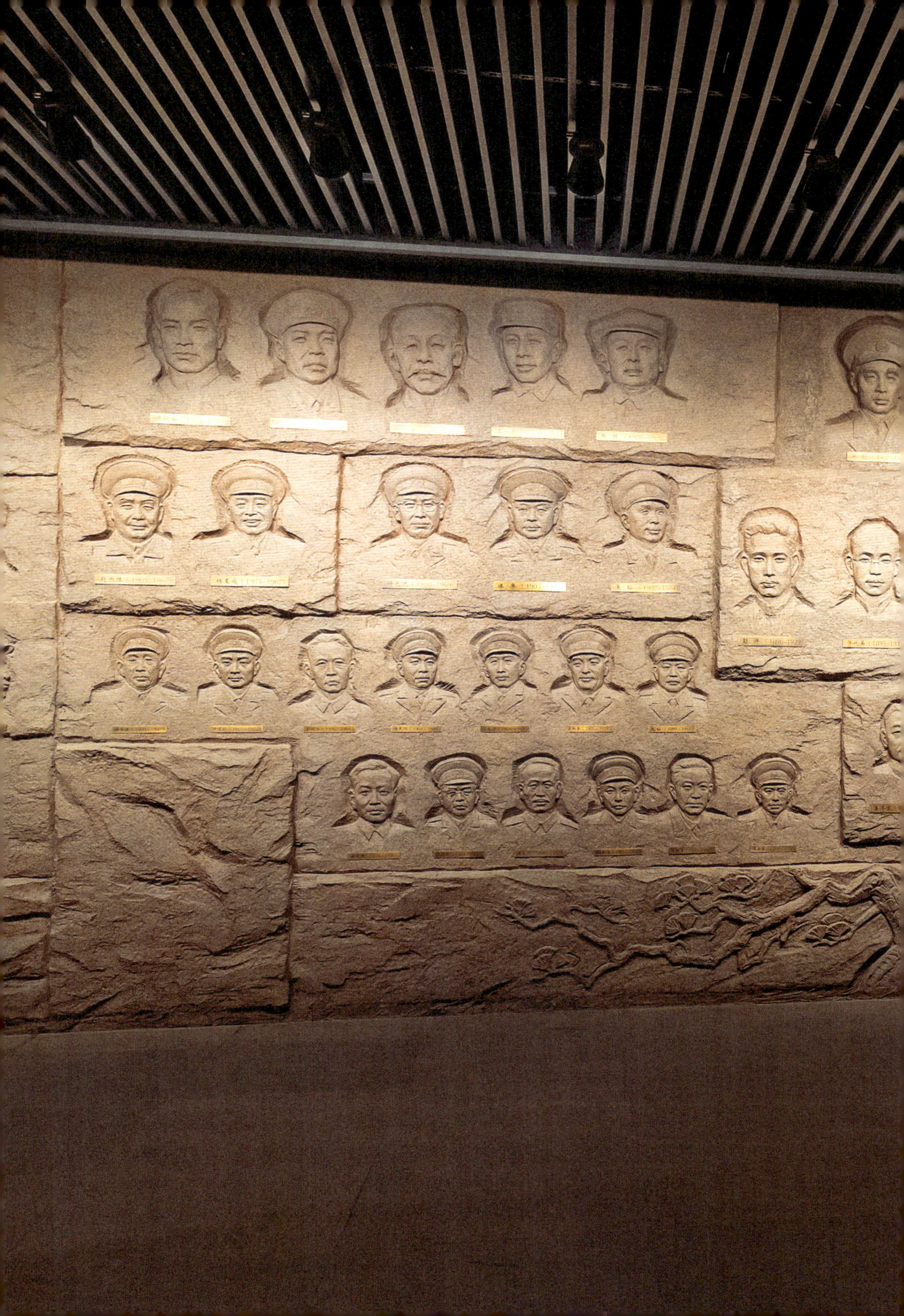

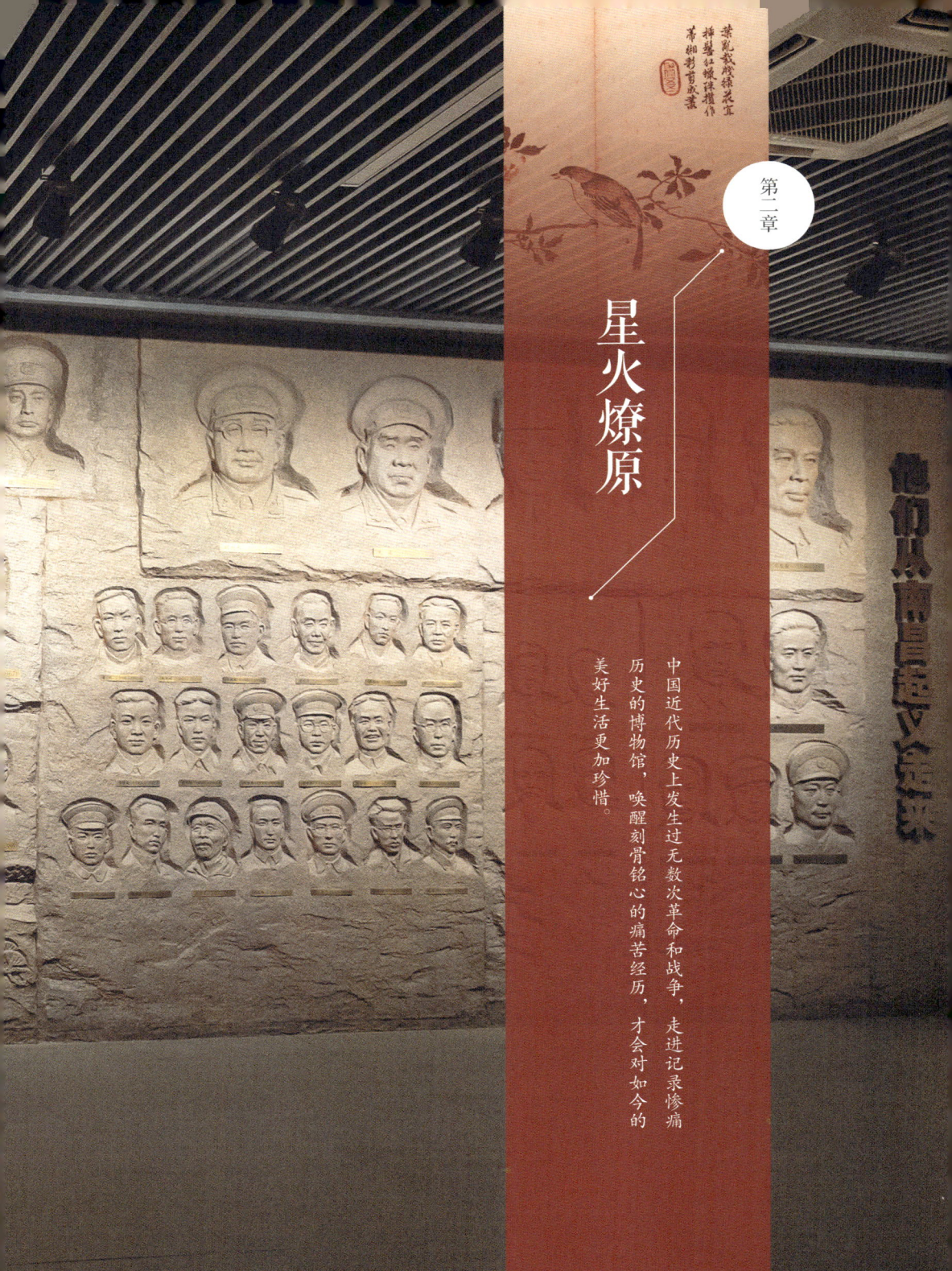

第二章

星火燎原

中国近代历史上发生过无数次革命和战争，走进记录惨痛历史的博物馆，唤醒刻骨铭心的痛苦经历，才会对如今的美好生活更加珍惜。

中国人民革命军事博物馆

——英雄史诗，不朽丰碑

坐标：北京市
博物馆等级：国家一级
荣誉：中国第一个综合类军事博物馆
　　　中国 20 世纪建筑遗产

中国第一个综合类军事博物馆——中国人民革命军事博物馆，于1959年7月建成，1960年8月1日正式开放，是向国庆10周年献礼的首都十大建筑之一。博物馆的陈列全面展示了中国共产党领导人民军队，为了推翻封建主义、帝国主义、官僚资本主义的压迫而进行的艰苦卓绝的革命战争的历史。

◎ 铭记伟大的革命征程

1960年，中国人民革命军事博物馆正式对外开放。发展至今，军事博物馆展览大楼的建筑面积为15.9万平方米，陈列面积近6万平方米，设有43个陈列厅（区）。军事博物馆设有6个基础陈列，包括"中国共产党领导的革命战争陈列""兵器陈列""军事科技陈列""红色记忆——馆藏革

命军事艺术作品陈列""中国历代军事陈列",以及筹建中的"新中国国防和军队建设陈列"。其中,"中国共产党领导的革命战争陈列"重点展示了中国共产党1921—1949年领导新民主主义革命的辉煌历程以及在此期间取得的伟大成就。整个陈列展示面积6300平方米,展出照片图表等1200余张、文物2400余件、艺术品43件、图表制字94幅。

◎ 军事题材文物大观

军事博物馆现有文物18万余件(套),馆藏的特色文物有武器、军服、证章和军事题材艺术品等。其中,代表性文物有丁汝昌战袍、"镇远"舰铁锚、金陵机器局造铜炮、加特林机枪、叶挺北伐战争时使用的指挥刀、朱德南昌起义中使用的手枪、贺龙的狮钮印章、红军的第一部电台、中央革命军事委员会印章、周恩来的红星奖章、泸定桥铁索、贺龙题写的"兴盛番族"锦幛、杨靖宇的印章、左权的转轮手枪、八路军军工部生产的"八一"式马步枪、侵华日军中国派遣军总司令冈村宁次大将代表日军投降时呈缴的战刀、中国人民解放军的第一辆坦克"功臣号"、头门山海战英雄炮艇、U2飞机等。

中国人民革命军事博物馆外景

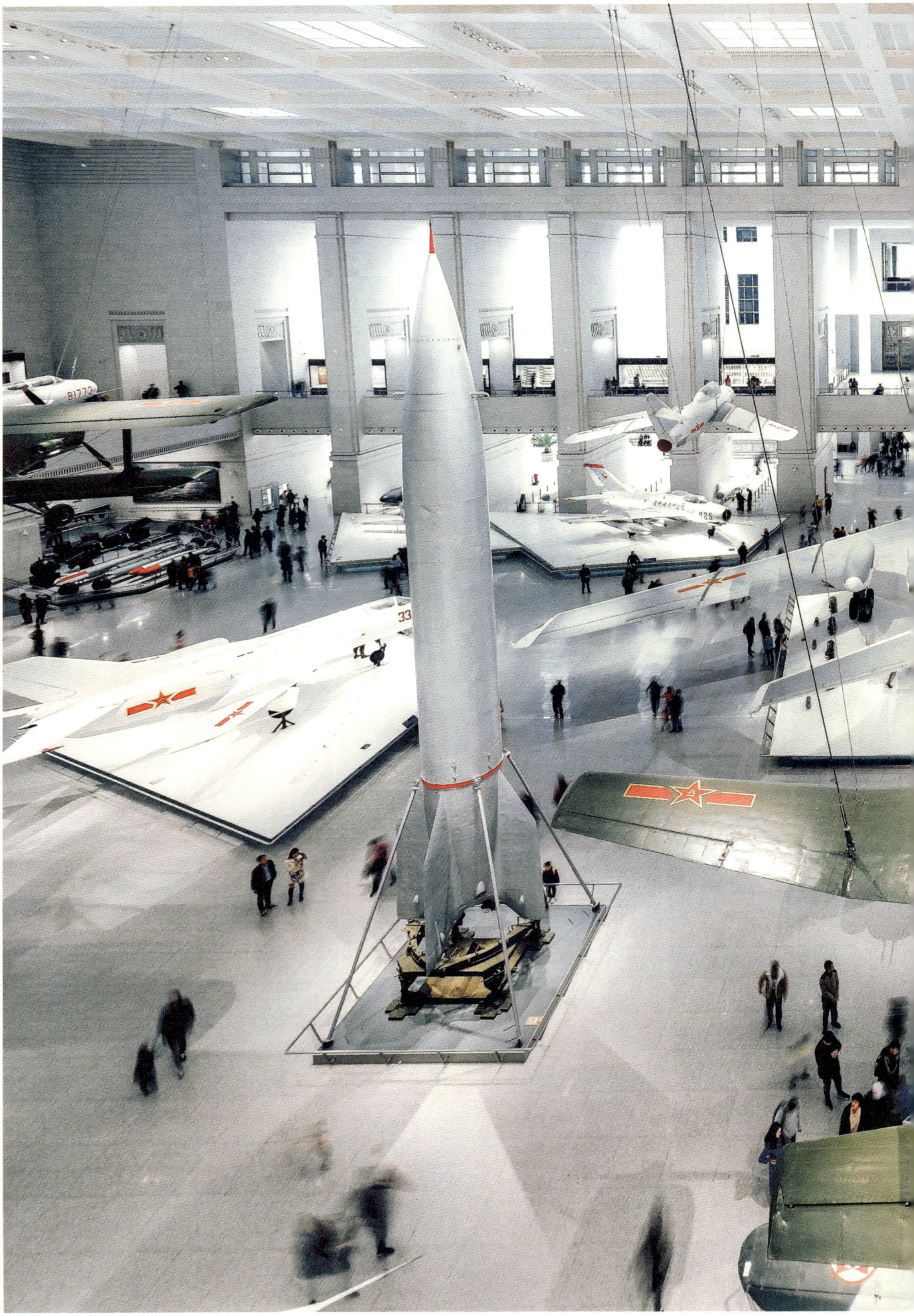

中国人民革命军事博物馆的兵器陈列馆

中国人民抗日战争纪念馆
——天下兴亡，匹夫有责

坐标：北京市
博物馆等级：国家一级
荣誉：全国唯一一座全面反映中国人民抗日战争历史的大型综合性专题纪念馆
全国优秀爱国主义教育示范基地

中国人民抗日战争最终取得了伟大的胜利，这一伟大胜利洗刷了耻辱，粉碎了日本军国主义的险恶图谋；这一伟大胜利象征着中华民族涅槃重生，走上复兴新征程；这一伟大胜利，将永载中华民族史册，永载人类和平史册！

◎ 人民的战争，人民的力量

中国人民抗日战争是史无前例的民族解放战争，这场战争铸就了中华儿女的伟大抗战精神，"中国人民向世界展示了天下兴亡、匹夫有责的爱国情怀，视死如归、宁死不屈的民族气节，不畏强暴、血战到底的英雄气概，百折不挠、坚忍不拔的必胜信念"。中国人民抗日战争纪念馆（以下简称"抗战馆"）是全国唯一一座全面反映中国人民抗日战争历史的大型综合性专题纪念馆，收藏了大量珍贵的实物和史料，如毛泽东手迹"巩固统一战线"、傅作义抗战时期使用过的望远镜、聂荣臻赠送朱良才的勃朗宁手枪等。

1. 伟人雕塑
2. 台儿庄战役中中国军队使用的马克沁重机枪
3. 日军使用的生化武器及防护服

◎ 伟大胜利，历史贡献

"伟大胜利　历史贡献——纪念中国人民抗日战争暨世界反法西斯战争胜利70周年主题展览"是目前抗战馆的基本陈列。这一基本陈列全面展示了中国人民为了赢得抗战胜利前仆后继、奋战到底的战斗历史。陈列主要包括八大部分：第一部分，中国局部抗战；第二部分，全民族抗战；第三部分，中流砥柱；第四部分，日军暴行；第五部分，东方主战场；第六部分，得道多助；第七部分，伟大胜利；第八部分，铭记历史。除此之外，陈列以"前言"开篇并以"结束语"总结。

西柏坡纪念馆

——革命圣地，意义深远

坐标：河北省石家庄市
博物馆等级：国家一级
荣誉：国家 AAAAA 级旅游景区
　　　全国爱国主义教育示范基地
　　　国防教育示范基地

作为中国革命三大摇篮之一的西柏坡位于河北省石家庄市平山县，曾是中共中央所在地，具有伟大历史意义的全国土地会议和中共七届二中全会在这里召开，是中国五大革命圣地之一。西柏坡纪念馆的建立则有着丰富而生动的爱国主义教育意义。

◎ 革命圣地里的一方热土

西柏坡纪念馆依山傍水，环境幽静雅致。山上苍松翠柏，枝繁叶茂；湖水宁静无波，澄澈悠然；岸上更是绿草成茵，万紫千红。1978年西柏坡纪念馆对外开放，主要景点包括中共中央旧址、陈列展览馆、廉政教育馆、国家安全教育馆、丰碑林、领袖风范雕塑园、纪念碑、文物保护碑、青少年文明园等，爱国主义教育内容丰富，叙述生动。

1. 景区纪念碑
2. 任弼时同志旧居

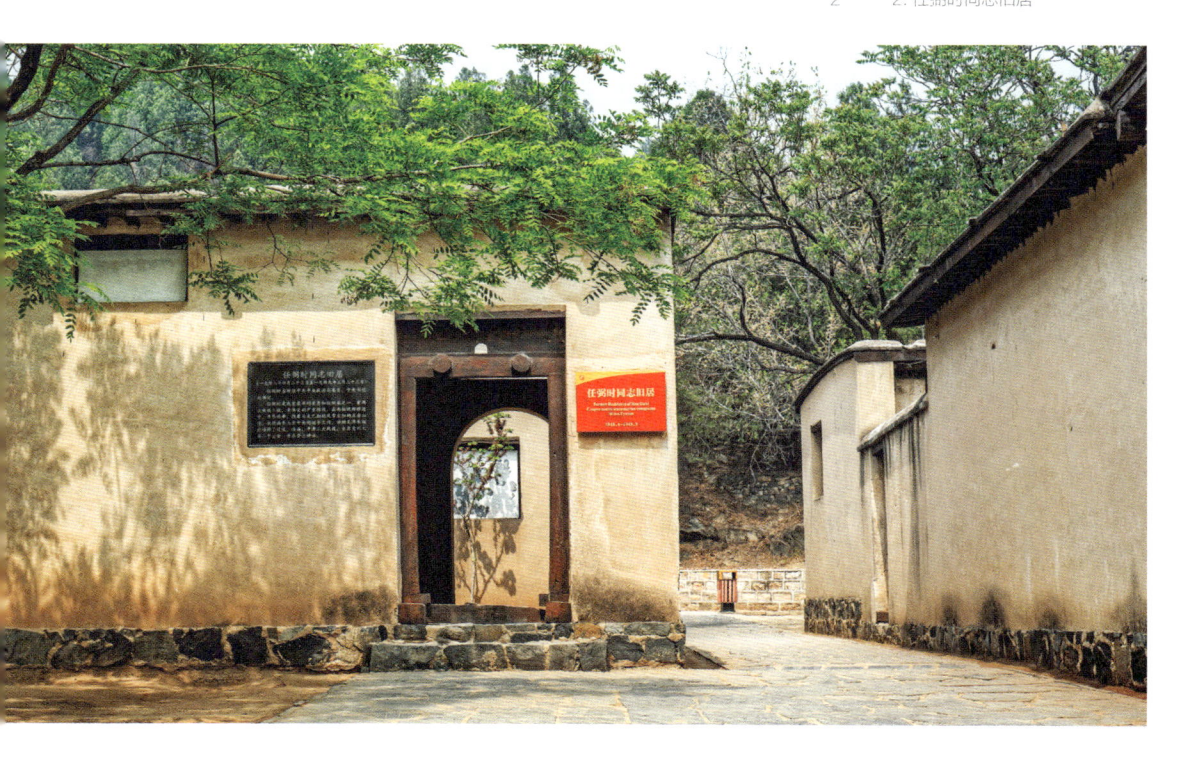

◎ 五大陈列，传递革命深意

西柏坡纪念馆目前设有五大基本陈列：一是西柏坡中共中央旧址，完整再现了中共中央的最后一个农村指挥所当年的风貌，承载着丰厚的历史记忆；二是西柏坡陈列展览馆，以"新中国从这里走来"为主题，系统形象地反映了中共中央和领袖们在西柏坡

期间的革命活动；三是廉政教育馆，以"牢记两个务必，永葆党的先进性"为主题，是对全国各地党员干部及群众进行传统教育的重要场所；四是西柏坡国家安全教育馆，以"无名丰碑"为主题，展示了我党的隐蔽战线情报人员为胜利做出的突出贡献；五是西柏坡丰碑林，汇集党和国家领导人、将军及国内著名书法家题词600多幅，不仅描绘了历史上的西柏坡，更是对在中国革命历史上占据重要地位的西柏坡无比赞誉。

模拟战场

"九·一八"历史博物馆

——收藏记忆，展示真相

坐标：辽宁省沈阳市
博物馆等级：国家一级
荣誉：国家AAAA级旅游景区
全国爱国主义教育示范基地
首批国家级抗战纪念设施
中央国家机关爱国主义教育基地

1931年9月18日夜，在日本关东军安排下，铁道"守备队"炸毁沈阳柳条湖附近的南满铁路路轨，并栽赃嫁祸于中国军队。日军以此为借口，炮轰沈阳北大营，是为"九一八事变"。

◎ 勿忘国耻，勿忘"九一八"

1931年9月18日，在南满铁路柳条湖路段发生了震惊中外的"九一八事变"。"九·一八"历史博物馆就位于这一遗址的东南侧。始建于1991年的"九·一八"历史博物馆是国内外迄今为止唯一一座全面反映"九一八事变"的博物馆，其占地面积3.5万平方米，建筑面积1.26万平方米，展览面积9180平方米。"九·一八"历史博物馆一直以"收藏历史记忆，展示历史真相"为己任，"九·一八"历史陈列曾经荣获"全国博物馆十大陈列展览精品奖"。从1999年至今，每年的9月18日，博物馆都会举行"勿忘'九一八'撞钟鸣警"仪式，让世人勿忘国耻，勿忘"九一八"。

1. 残历碑
2. 反战碑
3. 伪满时期图册

◎ 残历碑——记住苦难，不屈不挠

"九·一八"历史博物馆有一座标志性建筑，名为残历碑。残历碑采用花岗岩筑成，高18米，宽30米，纵深11米，因为碑身与一本翻开的台历极为相似而得名。左侧碑文是由著名书法家杨仁凯所题；右侧则雕刻着：1931年9月18日，星期五，农历辛未年，八月初七，十三秋分。碑上不完整的日历，一个个的弹痕，一直提醒着人们勿忘过去的耻辱。残历碑记录了中华民族的苦难，更鼓舞着中华儿女发扬不屈不挠抵御外敌的精神。

中国共产党第一次全国代表大会会址纪念馆

——伟大的开始

坐标：上海市
博物馆等级：国家一级
荣誉：全国重点文物保护单位
全国爱国主义教育示范基地
全国文物系统先进集体
全国红色旅游先进集体
全国德育教育先进集体

南陈北李

中国共产党第一次全国代表大会于1921年7月23—31日在上海和浙江嘉兴召开，中共一大的召开标志着中国共产党的正式成立，犹如旭日东升，中国革命的面貌随之焕然一新，前程也愈发光明。

◎ 按照原貌修复

中国共产党第一次全国代表大会会址纪念馆成立于1952年。1984年3月，邓小平为纪念馆题写了馆名。纪念馆馆舍建筑利用的是中共一大会址所在地——树德里的原有房屋和西邻的辅助建筑，占地面积1300多平方米。馆舍建筑均按照当年的原貌进行修复，

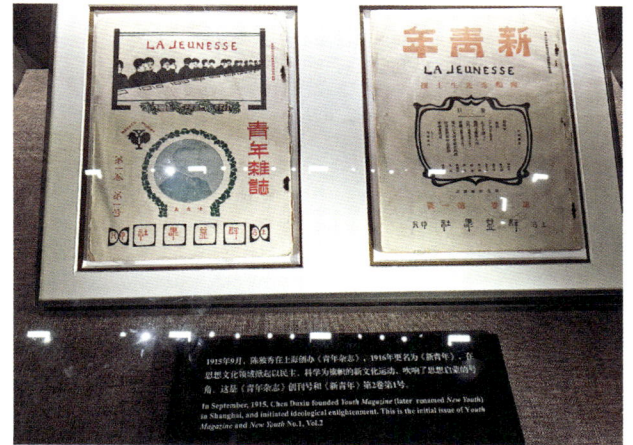

1. 纪念馆外景
2. 《青年杂志》创刊号和《新青年》第2卷第1号

新增辅助建筑的外貌与中共一大会址建筑相仿,保留了20世纪20年代上海典型的石库门民居风格。

◎ 中国共产党创建历史

纪念馆的基本陈列为"伟大开端——中国共产党创建历史陈列",展厅面积为998平方米。整个陈列分为5部分,分别为序厅:起点;第一部分:前赴后继救亡图存;第二部分:风云际会相约建党;第三部分:群英汇聚开天辟地;尾厅:追梦。陈列共展出278件展品,其中有文物117件,图片、图表和文摘146件,创意展项15件。

侵华日军南京大屠杀遇难同胞纪念馆

——铭记痛苦，缅怀同胞

坐标：江苏省南京市
博物馆等级：国家一级
荣誉：全国爱国主义教育示范基地
　　　　全国重点文物保护单位
　　　　"改革开放40周年"优秀先进集体

1937年12月13日，六朝古都南京遭受了一场惨绝人寰的劫难。日军在南京公然违反国际公约，大规模屠杀手无寸铁的平民和放下武器的中国士兵，毁坏了南京市区内1/3的建筑，掠夺了大量财物，蹂躏残害了无数妇女。根据战后南京审判战犯军事法庭的判决，死难者总数超过30万。

◎ 不忘过去，阐述真相

　　侵华日军南京大屠杀遇难同胞纪念馆占地面积10.3万平方米，建筑面积5.7万平方米，包括广场、单体雕塑、组合雕塑、各种形式的墙体和各种造型的碑体。纪念馆设有3个基本陈列，分别为"侵华日军南京大屠杀史实展""'三个必胜'主题展""二战中的性奴隶——日军'慰安妇'制度及其罪行展"。纪念馆通过大量的文物、图片、影像资料、档案以及遗址，严谨而翔实地阐述了历史真相。纪念馆自1985年8月15日正式开放以来，多位党和国家领导人以及数十个国家的驻华大使、驻沪总领事前来参观。

1. 永恒的火焰
2. 遇难者名单
3. 馆外雕塑

◎ 缅怀同胞，珍惜现在

纪念馆内现在保存有3处南京大屠杀"万人坑"遗址，分别展示了1984年、1998—1999年以及2006年发现的遇难同胞遗骸。从2014年12月13日起，纪念馆作为南京大屠杀死难者国家公祭仪式的固定举办地。

纪念馆收藏有6000多件国家珍贵文物，其中最具代表性的藏品有中山码头集体屠杀遗址出土的南京大屠杀遇难者遗物，美国牧师约翰·马吉拍摄南京大屠杀暴行时使用的摄像机及胶片，南京国防部审判日本战犯军事法庭庭长石美瑜保存的战犯谷寿夫、向井敏明等人的死刑判决书底稿等。

古田会议纪念馆

——建党建军的里程碑

坐标：福建省龙岩市
博物馆等级：国家一级
荣誉：国家 AAAAA 级旅游景区
　　　　全国重点红色旅游经典景区
　　　　全国爱国主义教育示范基地
　　　　全国文物系统先进集体

古田会议纪念馆是依托古田会议会址，以全面介绍古田会议历史、宣传古田会议精神为目标而建立的专题类纪念馆。纪念馆虽然地理位置十分偏僻，但是它仍然发挥着作为"全国爱国主义教育示范基地"的重要作用，散发着璀璨的光芒。

◎ 梅花山腹地的一颗红星

古田会议纪念馆处于国家 AAAAA 级自然保护区——梅花山的腹地。梅花山有着"北回归线荒漠带上的一颗璀璨翡翠"的美称。古田会议纪念馆管辖着 13 处革命旧址，主要包括古田会议会址、中共红四军前委机关暨红四军政治部旧址松荫堂、红四军司令部旧址中兴堂、毛泽东《星星之火 可以燎原》写作旧址协成店、中共闽西第一次代表大会会址文昌阁、中共闽西特委机关旧址树槐堂、中共闽西特委培训班旧址鸿玉堂、苏家坡圳背岩洞、红军哨所旧址文光阁、红军军医处旧址吉兴堂、红军士兵委员会旧址毓公祠、红四军后勤工作部门旧址笃厚堂、红军桥等。

油菜花海中的古田会议会址

◎ 具有里程碑意义的一场会议

　　古田会议纪念馆占地面积约 8.6 万平方米，建筑面积约 1.1 万平方米，现有馆藏文物 2 万余件。纪念馆的基本陈列为"古田会议——党和军队建设史上的里程碑"。陈列展厅分 10 个陈列室，展厅面积 3200 平方米，展线长 306 米，陈列展览内容共分为五大部分：一、古田会议召开的历史背景；二、建党建军的光辉里程碑；三、建党建军的纲领性文献；四、星星之火，可以燎原；五、古田会议永放光芒。

南昌八一起义纪念馆
——中国军史第一馆

坐标：江西省南昌市
博物馆等级：国家一级
荣誉：国家 AAAA 级旅游景区
　　　全国重点文物保护单位
　　　全国红色旅游先进集体
　　　中国十大经典红色景区（点）
　　　全国爱国主义教育示范基地
　　　全国国防教育示范基地

南昌八一起义纪念馆是为了纪念南昌八一起义而设立的。南昌八一起义是中国共产党为反击国民党反动派屠杀共产党人和工农群众、挽救革命而发动的武装起义。1927年8月1日凌晨2时，周恩来、贺龙、叶挺、朱德、刘伯承等率领起义军向驻守在南昌的国民党军队发起了进攻，经过4个多小时的激烈战斗，占领了全城。

◎ 以史育人，以物感人，以景诱人

作为"中国军史第一馆"，南昌八一起义纪念馆1959年面向公众正式开放。自建馆以来，南昌八一起义纪念馆紧紧围绕收藏、陈列、教育的职能，以展览为主体开展爱国主义教育和革命传统教育。

纪念馆现有的基本陈列包括"危难中奋起""伟大的决策""打响第一枪""南征下广东""转战上井冈"等。如今，纪念馆接待海内外游客已达数千万人次，实现了"以史育人，以物感人，以景诱人"的目标。

◎《南昌起义》点燃革命之火

纪念馆下辖5处革命旧址——总指挥部旧址、贺龙指挥部旧址、叶挺指挥部旧址、朱德军官教育团旧址和朱德旧居。而在南昌起义总指挥部旧址前是一座大型铜雕《南昌起义》。这座雕塑充分展示了南昌起义的历史意义：战士高举驳壳枪，昭示南昌八一起义打响了武装反抗国民党反动派的第一枪；手举马灯，象征起义点燃了武装革命的星星之火；高扬军号，表明起义吹响了人民军队诞生和勇敢战斗的号角。

烈士浮雕

中国海军博物馆
——全面反映中国海军发展

坐标：山东省青岛市
博物馆等级：国家一级
荣誉：全国爱国主义教育示范基地
　　　　全国国防教育示范基地
　　　　全国红色旅游经典景区

这是中国唯一一座全面反映中国海军发展的军事博物馆，总占地面积4万多平方米，东边是鲁迅公园，西临小青岛公园，南濒一望无际的大海，北面和栈桥隔水相望。来到这里，参观者不仅能增强自身的海洋意识，更能感受浓厚的爱国主义氛围。

青岛湾全景

◎ 了解中国海军发展历程

海军博物馆1989年正式对外开放，设室内展厅、陆上展区和海上展区。室内展厅主要展出古代和近代中国海军、人民海军历史资料图片，以及人民海军各时期的制式服装、衔章、徽章、装具等。陆上展区和海上展区主要陈列退出海军战斗序列的中小型舰艇、飞机、导弹、舰（岸）炮、水中兵器、观通设备、水陆坦克等。通过参观，人们将会看到人民海军在中国共产党的领导下，在艰苦中创业、在战斗中成长、在曲折中前进，不断发展壮大的光辉历程。

◎ 鞍山舰和济南舰

中国人民海军的第一艘驱逐舰——鞍山舰停泊在1号码头右侧。它满载排水量2581吨，最大航速34节（1节=1海里/时，1海里=1.852千米），续航力2300海里，1954年驶抵青岛，被命名为鞍山舰，于1992年退役。

而被誉为"中华十大名船之首""中华第一舰"的济南舰也是海军博物馆的典藏。它最大长度132米，最大宽度12.8米，主桅杆高29米，最大排水量3833吨，最大航速38节，作战半径1400海里，抗风能力12级。济南舰对中国人民海军具有里程碑式的意义，作为我国自主研制的第一艘导弹驱逐舰，它最重要的任务就是试验，被誉为"国防现代化装备试验的开路先锋"。

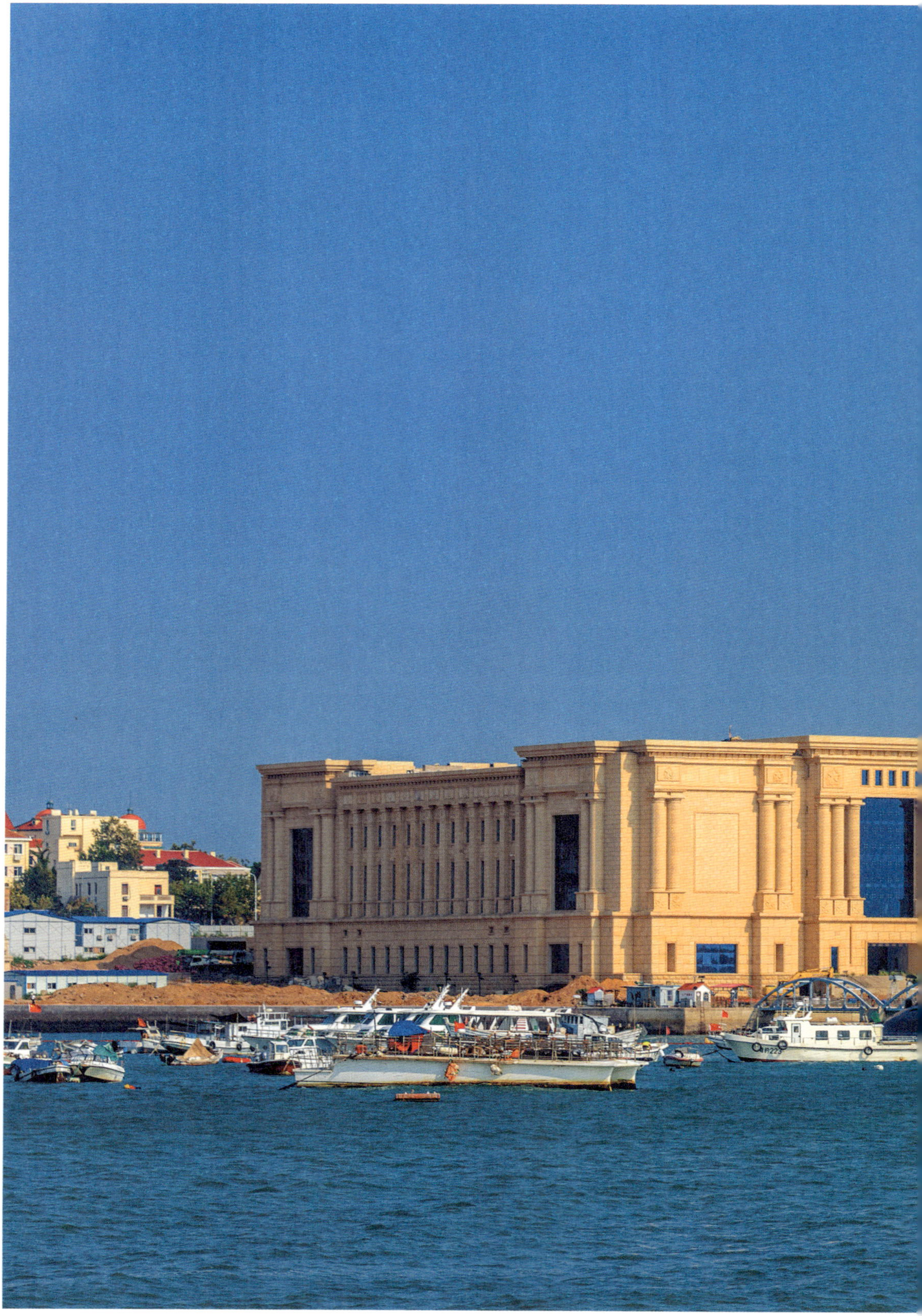

中国海军博物馆外景

1
2

1. 海红旗-9舰空导弹阅览车
2. 海军火炮

遵义会议纪念馆

——诲育千秋，永放光芒

坐标：贵州省遵义市
博物馆等级：国家一级
荣誉：国家 AAAA 级旅游景区
全国重点文物保护单位
全国中小学爱国主义教育示范基地

1935 年 1 月，中共中央在贵州遵义召开了政治局扩大会议。这次会议是中国共产党第一次独立自主地运用马克思列宁主义基本原理解决自己的路线、方针和政策方面问题的会议。这次会议在十分危急的关头，挽救了党，挽救了红军，挽救了中国革命，是中国共产党历史上一个生死攸关的转折点。

◎ 革命圣地

为纪念中国共产党历史上具有伟大历史意义的遵义会议，遵义会议纪念馆依托遵义会议会址，于 1955 年建成。遵义会议纪念馆是在中华人民共和国成立后最早建立的 21 个革命纪念馆之一，总占地面积 4 万多平方米，总建筑面积近 1.85 万平方米，展室面积 6000 多平方米。1964 年，毛泽东主席为其题写了"遵义会议会址"匾额。这里是全国人民进行党史学习、革命传统教育的课堂，是进行精神文明建设的重要阵地。

1. 红军军服
2. 天主教堂

遵义会议会址外景

◎ 生死攸关的伟大转折

  遵义会议纪念馆常设展览包括五大部分，分别为"战略转移　开始长征""遵义会议　伟大转折""转战贵州　出奇制胜""勇往直前　走向胜利""遵义会议　精神永存"。遵义会议纪念馆除了常设展览，还有遵义会议会址，遵义会议陈列馆，遵义会议期间毛泽东、张闻天、王稼祥住处，遵义会议期间红军总政治部旧址，遵义会议期间秦邦宪（博古）住址，中华苏维埃中央政府筹备委员会、红军总政治部地方工作部旧址，遵义会议期间邓小平住址等原状陈列。

延安革命纪念馆

——延安精神，光照千秋

坐标：陕西省延安市
博物馆等级：国家一级
荣誉：国家 AAAAA 级旅游景区
全国中小学生研学实践教育基地
全国爱国主义教育示范基地先进集体

13个春秋，老一辈无产阶级革命家在陕北经历了无数战斗，领导中国人民取得了抗日战争和解放战争的伟大胜利，伟大的毛泽东思想在这里形成，延安精神在这里绽放光芒。延安革命纪念馆集中展示了中共中央在延安和陕北领导中国革命走向胜利的丰功伟绩。

◎ 地域文化特色鲜明的建筑

延安革命纪念馆主体建筑坐北朝南，东西长222米，南北进深119米，整个建筑呈"冂"形。正面入口和东西两侧均为拱形门，再加上"窑洞墙"，延安建筑文化的传承由此可见。整栋建筑只有休息厅和楼梯间开了较大的玻璃窗，其他部分都采用的是窄窗，窄窗有竖向带状和点状两种。延安革命纪念馆体现了简朴、庄重的风格，仅在

建筑外墙采用了浅驼色石料，并未增加建筑装饰。

◎ 弘扬延安精神

延安革命纪念馆是中华人民共和国成立后最早建成的革命纪念馆之一。几经变迁的延安革命纪念馆现有馆藏文物 3.5 万余件，历史照片 1 万余张，图书 3 万余册，调查访问资料百余卷；设有两个基本陈列，分别是"延安革命史"和"铸魂——延安时期的从严治党"，其中"延安革命史"基本陈列曾荣获"全国博物馆十大陈列展览特别奖"。

延安革命纪念馆外景

井冈山革命博物馆

——红色经典，现代表述

坐标：江西省井冈山市
博物馆等级：国家一级
荣誉：全国爱国主义教育示范基地
中国建设工程鲁班奖（国家优质工程）

井冈山是中国革命的摇篮，井冈山斗争的胜利为中国革命的胜利奠定了基础。在这里，"工农武装割据"的星星之火被点燃，为中国革命的中心工作完成从城市到农村的伟大战略转移，走上农村包围城市，武装夺取政权，开辟了新的道路。

◎ 珍藏革命历史

井冈山革命博物馆是我国第一个地方性革命史类博物馆，总占地面积约1.8万平方米，总建筑面积约2万平方米，展厅面积8436平方米。全馆收藏文物3万余件，文献资料7000多份，图书7000多册，历史图片1万余张；珍藏党和国家领导人、著名书画家及社会各界知名人士书法作品数千幅；保存毛泽东、朱德重上井冈山等影视资料片数百件。博物馆现有基本陈列分为6部分：序厅；第一部分，中国革命道路的艰难探索；第二部分，井冈山革命根据地的创立；第三部分，井冈山革命根据地的发展；第四部分，井冈山革命根据地的新局面；第五部分，走向全国胜利。

1. 《胜利的起点》雕塑
2. 书法作品

中央革命根据地历史博物馆

——红色故都，地位非凡

坐标：江西省瑞金市
博物馆等级：国家一级
荣誉：全国爱国主义教育示范基地
全国红色旅游经典景区
全国中小学生研学实践教育基地

江西省瑞金市，闻名中外的红色故都，在中国革命历史上熠熠生辉。1931年，中华苏维埃共和国在这里诞生。走进瑞金中央革命根据地历史博物馆，一座青铜雕像《领袖与人民》令人肃然起敬，看着那一件件文物，更能感受到峥嵘岁月里的革命精神。

◎ 地位独特，史料丰富

中央革命根据地历史博物馆是一座专题纪念馆，为纪念土地革命时期中国共产党及其领袖毛泽东、朱德、周恩来等老一辈无产阶级革命家直接领导创建中央革命根据地和红一方面军，缔造中华苏维埃共和国的历史而建立。博物馆依山而建，占地面积约4.5万平方米，建筑面积约1万平方米。馆藏文物1万多件，以纸质文物为主，种类多、价值高，保存较为完好，集中反映了中央革命根据地以及中华苏维埃共和国时期波澜壮阔的革命斗争历史。另外，中央革命根据地历史博物馆管辖瑞金革命旧址、旧居128处，其中全国重点文物保护单位36处。

1. 中华苏维埃共和国临时中央政府旧址
2. 叶坪国家银行旧址
3. 《共和国的摇篮》雕塑

◎ 人民共和国从这里走来

  中央革命根据地历史博物馆的基本陈列为"人民共和国从这里走来——中华苏维埃共和国史",共分为六大部分:第一部分,中华苏维埃共和国诞生的前夜;第二部分,中华苏维埃共和国定都瑞金;第三部分,中华苏维埃共和国的巩固与发展;第四部分,中华苏维埃共和国安邦的伟大实践;第五部分,中华苏维埃共和国大迁徙;第六部分,中华苏维埃共和国辉煌永铸。陈展面积达4800平方米,展线总长840米,展出珍贵文物300余件,照片近千张,大型场景5处,展现了中华苏维埃共和国历史演变的全过程。

中国甲午战争博物馆

——以史为鉴，牢记教训

坐标： 山东省威海市
博物馆等级： 国家一级
荣誉： 全国优秀社会教育基地
全国青少年爱国主义教育基地
全国爱国主义教育示范基地

1894年，甲午年，中日海军在黄海展开激战，最终北洋海军全军覆没。中国因此丧失了大片的领土和主权，半殖民地化程度也因此次战败而大大加深。中国甲午战争博物馆以爱国主义教育为宗旨，以振奋民族精神为己任，不断开拓丰富爱国主义教育。

◎ 独树一帜、特色鲜明的陈列

以北洋海军和甲午战争为主题的中国甲午战争博物馆是一座纪念性博物馆，于1985年开放。博物馆的陈列展示十分独特，这里不仅是甲午战争故地，更是人们牢记历史，缅怀爱国将士，接受爱国主义教育的重要场所。目前，博物馆内收藏有1000多张历史照片、200多件北洋海军与甲午战争文物资料。另外，馆内还收藏有300多件打捞舰船文物，其中包括世界上仅存的两门巨型舰炮，每门舰炮的重量有20多吨。

1. 博物馆外景
2. 北洋水师舰艇抛锚钩
3. 丁汝昌雕塑

◎ 历史遗迹保存完整，规模宏大

　　中国甲午战争博物馆现在管理着包括北洋海军提督署、龙王庙、丁汝昌寓所、水师学堂、旗顶山炮台、黄岛炮台等28处北洋海军旧址，总面积达10万多平方米。这里是我国近代海防设施中保存最完整、现存文物数量最多、规模最大的文物遗址群，为全国重点文物保护单位。其中，北洋海军提督署为国内仅存且保存完好的清代高级军事衙门，占地1.7万平方米。北洋海军将士纪念馆中有长达18.88米、寓意北洋海军1888年成军的北洋海军将士名录墙，镌刻着近600位北洋海军将士的姓名、职衔。威海水师学堂是现存清末4所近代海军学堂中唯一一座规模完整、有迹可循的学堂。

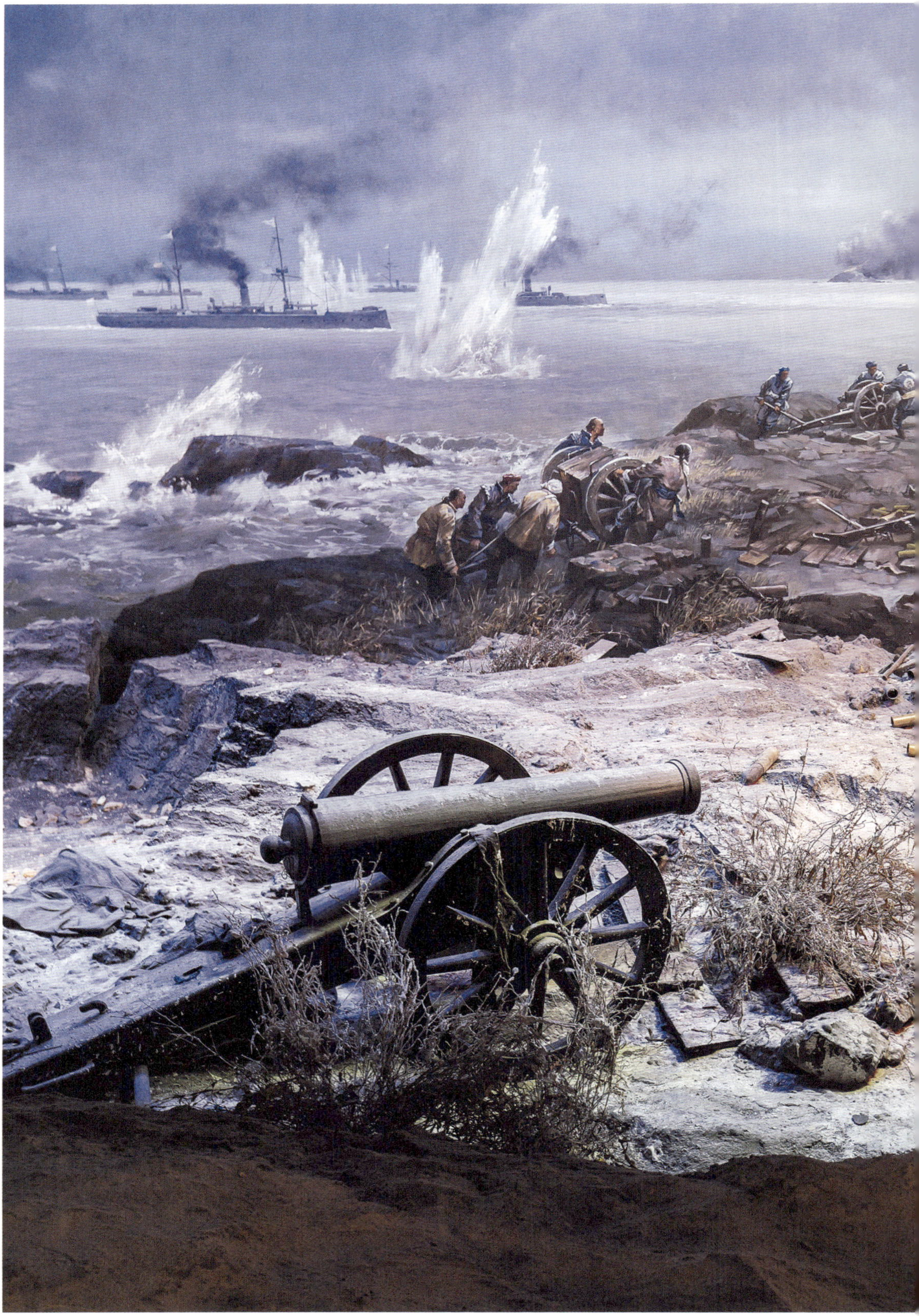

刘公岛保卫战场景图

辛亥革命武昌起义纪念馆

——民国之门，为天下先

坐标：湖北省武汉市
博物馆等级：国家一级
荣誉：国家 AAAA 级旅游景区
　　　全国青少年教育基地
　　　全国爱国主义教育示范基地

红墙红瓦的红楼矗立在武汉市武昌阅马场上，湖北革命党人在孙中山先生的领导下，在这里打响了辛亥革命的"第一枪"。红楼见证和记录了一段光辉历史，也正在以自身深厚的文化内涵等待着人们的到来。

◎ 被誉为"民国之门"的红楼

红楼原来是清政府于 1910 年建成的湖北咨议局，武汉人因为其红墙红瓦而称其为"红楼"。1911 年武昌起义爆发，湖北革命党人在此组建了中华民国军政府鄂军都督府，红楼因此被誉为"民国之门"。辛亥革命武昌起义纪念馆于 1981 年依托红楼建成，占地面积 2 万多平方米，建筑面积近 1 万平方米，宋庆龄为其题写馆名。

◎ 辛亥革命"为天下先"

辛亥革命武昌起义纪念馆的基本陈列为"为天下先——辛亥革命武昌起义史迹陈

辛亥革命武昌起义纪念馆外景

列""鄂军都督府旧址复原陈列""湖北咨议局史迹陈列"。

"为天下先——辛亥革命武昌起义史迹陈列"在1981年纪念馆开放时推出，至今已经完善过多次。整个展览的面积为2000平方米，展品600件，分为"风动汉上""武昌首义""走向共和""复兴之光"四大部分，全方位展示了武昌起义的背景、过程、结果与意义。其中，第四部分"复兴之光"亮点频出。除了丰富的文物，还设计了非常有创意的结尾，电子投影体验"江流浩荡"和国画长卷"远山"的组合，揭示了"百年复兴路"的愿景。

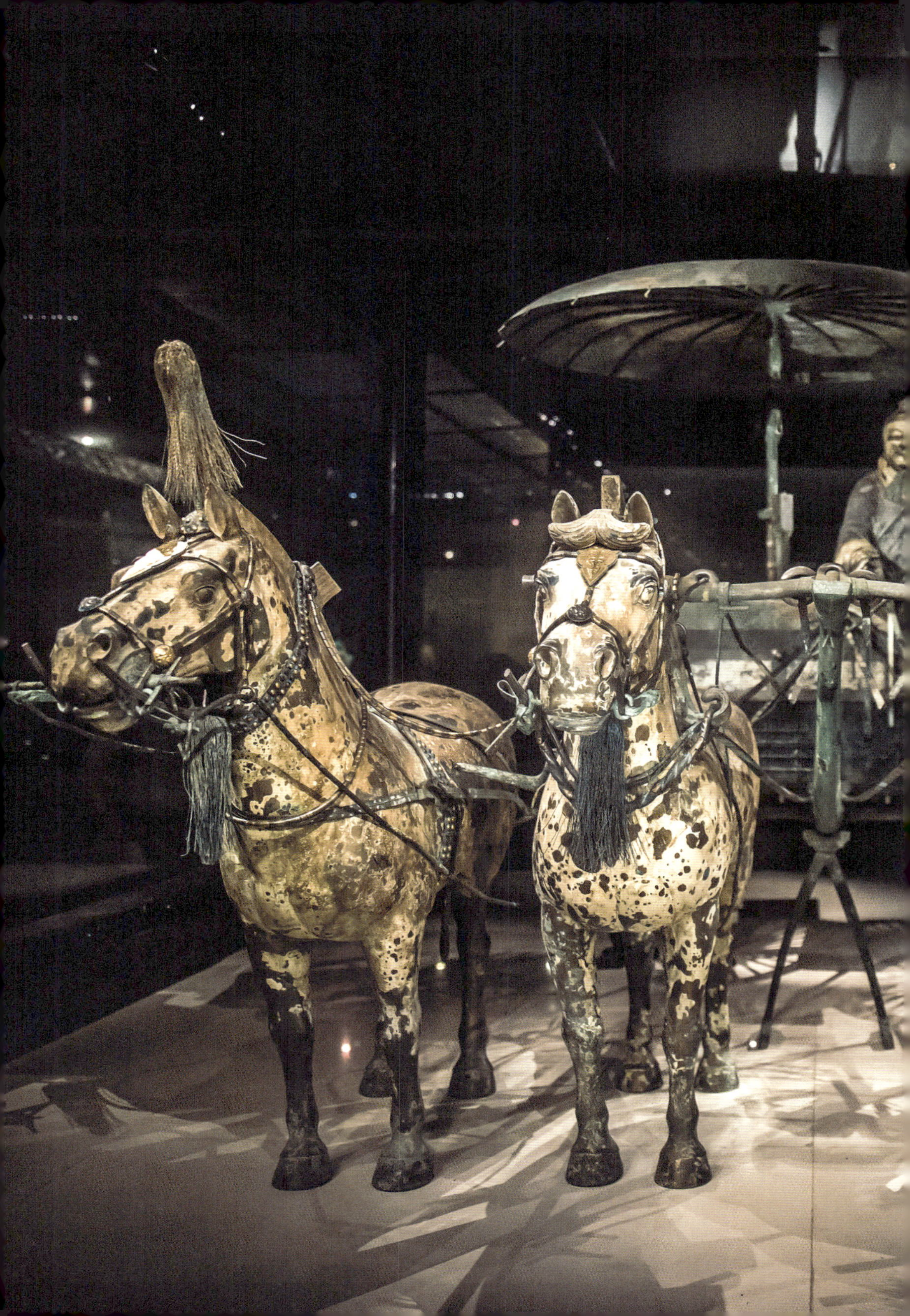

第三章

巧夺天工

中国古代建筑及遗址有着极高的历史价值和艺术价值，走进那些被辟为博物馆的建筑和遗址，不仅能感受弥足珍贵的历史艺术，更能感受到穿越历史而来的新的活力。

周口店遗址博物馆
——来自70万年前的问候

坐标： 北京市
博物馆等级： 国家一级
荣誉： 全国重点文物保护单位
　　　　世界文化遗产
　　　　世界遗产青少年教育基地
　　　　全国科普教育基地
　　　　全国爱国主义教育示范基地

恩格斯说："在人用手把第一块石头做成刀子以前，可能已经经过很长很长的一段时间，和这段时间相比，我们所知道的历史时间就显得微不足道了。"要想更多地了解那段历史，就请进入周口店遗址博物馆，听一听来自远古的问候，感受远古时期"北京人"的生产和生活。

◎ 展示遗址文化的重要组成部分

周口店遗址博物馆总面积8000多平方米，位于周口店遗址南侧，是展示遗址文化的重要组成部分。博物馆建筑外观粗粝，灵感源于石器，而石器是"北京人"最早制造和使用的工具。博物馆的基本陈列分为四大部分，展示在4个展厅中。第一展厅介绍周口店遗址的发现和发掘历史；第二展厅介绍"北京人"时期的生产、生活、环境；第三展厅介绍周口店遗址发现早期智人和晚期智人的化石地点，利用场景再现了山顶洞人的生产和生活方式；第四展厅介绍周口店遗址其他化石地点及"北京人"化石的丢失与保护。

1. "北京人"使用的石器
2. 石器时代的穴居人生活场景
3. "北京人"雕塑

◎ "北京人"的故乡

周口店遗址在北京的西南方，距离北京市中心约50千米，是70万—20万年前的"北京人"、20万—10万年前的第4地点早期智人、约4.2万—3.85万年前的田园洞人、3万年前左右的山顶洞人生活的地方。周口店遗址共出土了200余件人类化石、10余万件石器，还有大量的用火遗迹及上百种动物化石等。周口店遗址是世界上同时期材料最丰富、最全面、最具代表性的一处古人类遗址，丰富的自然资源与璀璨的远古文明在这里交相辉映，成为北京西南一道亮丽的风景。

周口店遗址博物馆

周口店遗址博物馆外景

南阳汉画馆

——汉代石刻艺术殿堂

坐标：河南省南阳市
博物馆等级：国家一级
荣誉：国家 AAA 级旅游景区
　　　　河南省博物馆免费开放工作先进集体

南阳汉画馆始建于 1935 年，现收藏文物 2000 余件，展厅内陈列着 200 余块精品画像石，是目前中国建馆最早、藏品最多、规模最大的汉画像石刻艺术博物馆。走入馆中，不仅能尽情品鉴精美绝伦、内涵丰富的汉代画像石，更能从这些画像石中了解歌舞升平的汉代盛世。

◎ 从图画中看汉代历史

南阳汉画馆占地面积约 5.34 万平方米，"T"形陈列大楼包括 9 个主展厅、3 个临时展厅，展厅总面积 2400 平方米。展厅的画像石按画像的内容分类展出，依次为生产劳动、建筑艺术、历史故事、社会生活、天文与神话、角抵、舞乐百戏及祥瑞升仙八大部分。其中，建筑艺术类画像石体现了汉代建筑的成就，如双阙、厅堂、楼阁等；社会生活类画像石不仅展示了贵族豪绅往来宴饮、车骑田猎、斗鸡走狗等生活场景，还展示了诸多侍从小吏劳作的场景；舞乐百戏类画像中有各种舞蹈、杂技和乐器演奏形象……南阳汉画馆展出的画像石内容丰富，涵盖了汉代社会的各个方面，走进这里，人们可以通过图画全面了解两汉历史。

1. 南阳汉画馆外景
2. 雷公车汉画像石

◎ 特色鲜明，艺术价值极高

南阳汉画像石不仅展示的内容丰富，艺术价值也极高。创作手法运用大胆，使得画像形象栩栩如生，惟妙惟肖，如馆藏精品中有一大鸟石刻，作飞翔状，其腹部有一圆轮，表示太阳之形，这只大鸟就是神话传说中负载太阳运行的神鸟——阳乌。潇洒超脱、豪放粗犷的艺术风格让南阳汉画像石表现出令人震撼的力量，更富有气势，如与历史故事鸿门宴有关的画像石"鸿门宴"，形象地表现了"项庄舞剑，意在沛公"的惊险场景。

秦始皇帝陵博物院

——六国毕，四海一

坐标：陕西省西安市
博物馆等级：国家一级
荣誉：国家 AAAAA 级旅游景区
全国爱国主义教育示范基地

战国时期，七雄争霸，战火不断。秦王嬴政登基后，采纳丞相李斯的建议，最终完成了统一六国的大业。嬴政是统一中国的第一个皇帝，史称秦始皇。而秦始皇帝陵博物院就是以秦始皇兵马俑博物馆为基础，以秦始皇帝陵遗址公园（丽山园）为依托而建成的一座大型遗址博物院。

◎ 世界第八大奇迹

秦始皇帝陵博物院发展至今，已经成为集考古遗址本体及其环境的保护与展示，融合了教育、科研、游览、休闲等多项功能的公共文化空间。秦始皇兵马俑博物馆中展示的兵马俑坑是秦始皇帝陵的陪葬坑。已发现的一、二、三号兵马俑坑内有和真人、真马大小相似的陶俑、陶马近 8000 件。排列整齐的兵俑不仅兵种不同，分为车兵、骑兵和步兵等，形象也是各不相同，神态生动，被誉为"世界第八大奇迹""二十世纪考古史上的伟大发现之一"。秦始皇帝陵博物院的丽山园位于秦始皇陵园的核心区，主要参观点有秦始皇陵封土、已探明的主要建筑遗址、陪葬坑的位置范围、百戏俑坑博物馆、文吏俑坑博物馆等。

1. 铜车马
2. 鞍马俑
3. 跪射俑

◎ "平天下——秦的统一"

2019年，为纪念秦始皇陵兵马俑发现45周年，也为秦始皇兵马俑博物馆开馆40周年献礼，秦始皇帝陵博物院举办了大型原创展览"平天下——秦的统一"。展览故事的主人公是秦国的两个普通百姓"黑夫"和"惊"，展览内容分为4个部分。第一部分为"引子"，介绍了中国现存最早的家书——云梦秦简中的《黑夫木牍》的故事，采用倒叙的方式，讲述"秦"的成长；第二部分为"大出天下"，讲述了秦统一六国之前的历史；第三部分为"统一脚步"，讲述的是公元前221—前210年，秦与六国之间纵横交错的复杂关系；第四部分为"百代秦政"，展示了秦统一六国后在政治、经济、文化等方面取得的成就及其对后世的影响。

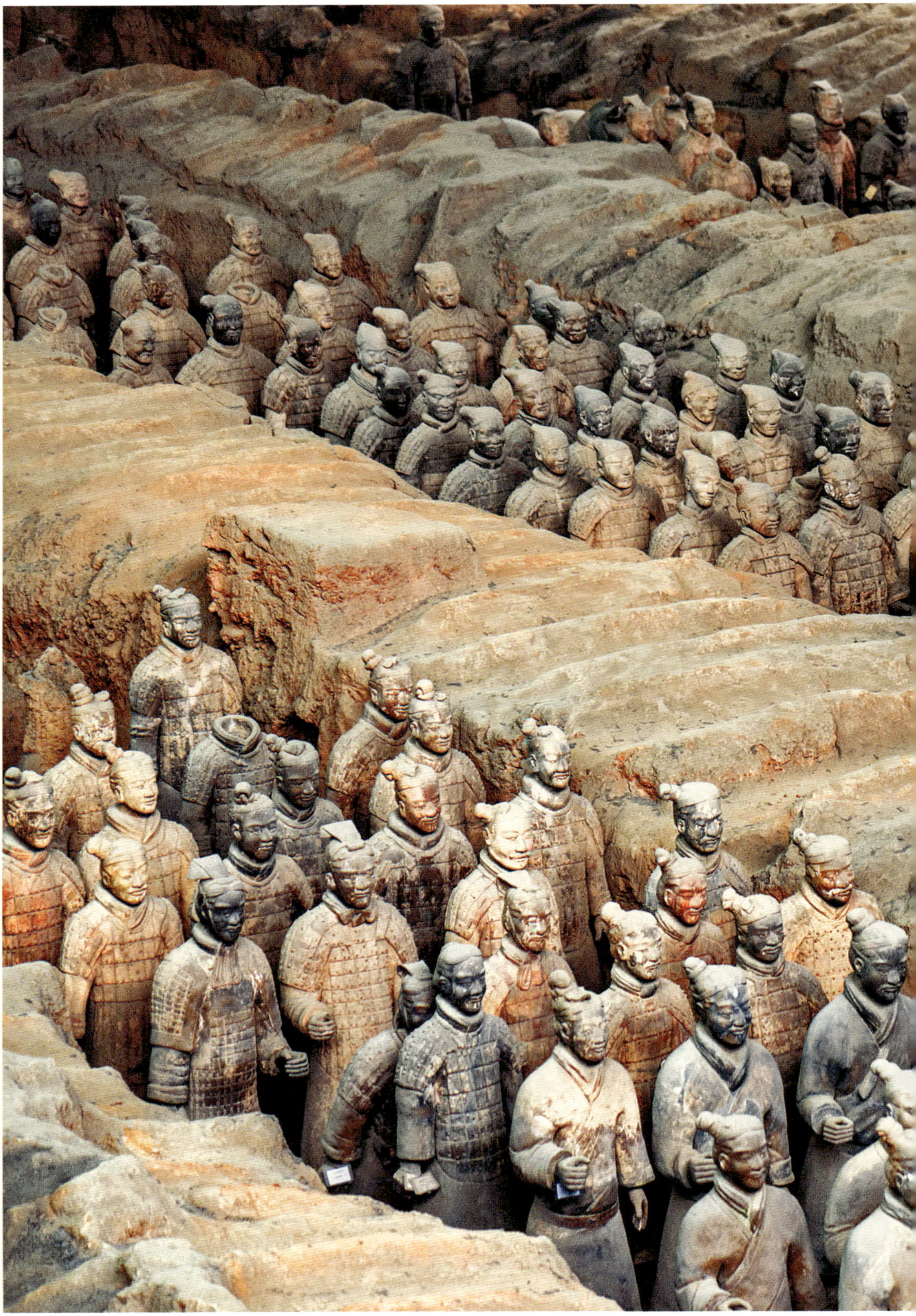

壮观的兵马俑坑

西安碑林博物馆

——碑石如林，独树一帜

坐标：陕西省西安市
博物馆等级：国家一级
荣誉：国家 AAAAA 级旅游景区
　　　全国重点文物保护单位

尉迟敬德雕像

从宋哲宗时创建以来，西安碑林历经900多年的发展，规模愈加壮大。如今，碑林收藏了从汉朝至今的4000多件碑石、墓志，为全国数量之最。在这里，你能看到被誉为"天下第一行书"的《兰亭序》，能看到陪伴唐太宗的昭陵六骏中的四骏，还能看到著名书法家颜真卿的《颜氏家庙之碑》……走进西安碑林博物馆，可观景，亦可陶冶身心。

◎ 世界最古的石刻书库

西安碑林博物馆是在西安碑林的基础上，通过孔庙古建筑群扩建而成的一座艺术博物馆。馆区由孔庙、碑林、石刻艺术室3部分组成，

1. 西安碑林博物馆外景
2. 石刻碑帖

现收藏文物1.1万余件。西安碑林博物馆有着种类丰富的馆藏文物,不仅收藏有历代碑石、墓志、石刻造像、画像石等石刻文物,还收藏着书法、绘画、碑拓等其他文物,最具特色的馆藏品就是碑刻墓志、历代拓本。碑林被誉为"东方文化的宝库""书法艺术的渊薮""汉唐石刻精品的殿堂""世界最古的石刻书库",是弘扬中国经典文化的重要窗口。漫步其间,看着千年的沧桑历史被定格在一块块石碑之上,从秦汉文人的风韵行至明清大师的笔墨雅趣,陶醉在这深厚的文化底蕴中,流连忘返。

西安半坡博物馆
——史前文明的奇葩

坐标：陕西省西安市
博物馆等级：国家一级
荣誉：全国爱国主义教育示范基地
全国重点文物保护单位

1953年，在陕西省西安市浐河东岸，一处距今6000多年的母系氏族聚落遗址——半坡遗址被发掘，该遗址有着丰富的文化内涵，反映的是典型的新石器时代仰韶文化，遗址面积约5万平方米。在这座遗址的基础上建立的西安半坡博物馆是中华人民共和国的第一座史前聚落遗址博物馆。

◎ 走进半坡先民的生活

西安半坡博物馆占地面积7.16万平方米，馆藏文物1.8万余件，其中有4000多件三级以上文物、300余件化石标本，还有若干新石器时代的人类和动物骨骼标本。

博物馆的基本陈列分为出土文物展厅和遗址保护大厅，向人们展示了半坡先民的生存环境、建筑形式、祭祀场所、生产技术、丧葬习俗等。陶窑遗址中展示的一座横穴窑，是我国目前发现最早、保存较完整的陶窑遗址之一。出土文物展厅则分为：序厅；第一单元，青青河畔；第二单元，生命之诗；第三单元，田园牧歌；第四单元，心灵神韵；第五单元，隐秘玄机。展出的文物主要是从遗址中发掘出来的生产工具和生活用

1. 西安半坡博物馆外景
2. 人面鱼纹彩陶盆（半坡出土）
3. 原始人类狩猎场景

品，分为石器类、骨器类和陶器类。人面鱼纹彩陶盆就是半坡遗址出土的最珍贵的文物之一。

重庆中国三峡博物馆

——山水之城，壮丽三峡

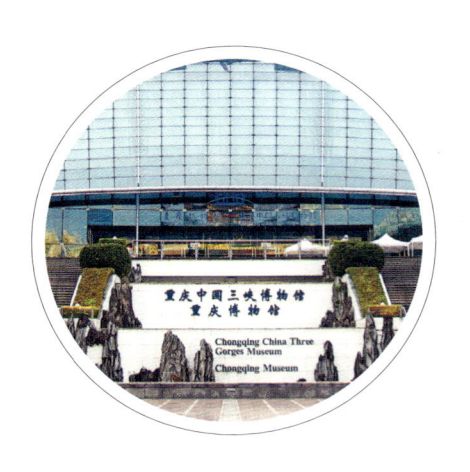

坐标：重庆市

博物馆等级：国家一级

荣誉：全国中小学生研学实践教育基地

乌杨石阙

三峡文化源远流长，关于三峡的诗文数不胜数。郦道元说"巴东三峡巫峡长，猿鸣三声泪沾裳"；李白说"两岸猿声啼不住，轻舟已过万重山"；陆游说"朝云暮雨浑虚语，一夜猿啼明月中"……重庆中国三峡博物馆正是为了收藏、保护、研究、展示、传播"巴渝文化、三峡文化、大后方抗战文化、统战文化、移民文化"而生。

◎ 为三峡而生的博物馆

重庆中国三峡博物馆又名重庆博物馆，承担了三峡文物保护工程的大量珍贵文物抢救、展示和研究工作。博物馆占地面积5万平方米，建筑面积7.17万平方米，展厅面积2.7万平方米，馆舍包括主

$\frac{1}{2}$
1. 少数民族像
2. 木船模型

1. 重庆中国三峡博物馆外景
2. 广场测绘雕塑
3. 绣花男背心

馆、重庆白鹤梁水下博物馆、重庆宋庆龄纪念馆、涂山窑遗址、重庆三峡文物科技保护中心5部分。博物馆现收藏有11.5万余件（套）文物、1.8万余册珍贵古籍善本，常设展览13个，包括"壮丽三峡""远古巴渝""重庆·城市之路""抗战岁月"等。

◎ 镇馆之宝

重庆中国三峡博物馆的镇馆之宝有"巫山人"左侧下颌骨化石、三羊尊、鸟形尊、景云碑、乌杨石阙、宴饮乐舞车马出行画像石、仙山楼阁图团扇面、唐寅临《韩熙载夜宴图卷》、齐白石四季山水屏等。其中，最具代表性的当数重檐庑殿顶双子母石阙——乌杨石阙，主阙通高5.4米，进深1.7米，自下而上，由台基、阙身、楼部和顶盖四部分构成，造型挺拔。阙身及楼部雕刻有青龙、白虎、凤鸟等纹饰，极具汉朝雕刻艺术的神韵。

金沙遗址博物馆

——古蜀王国，自然之美

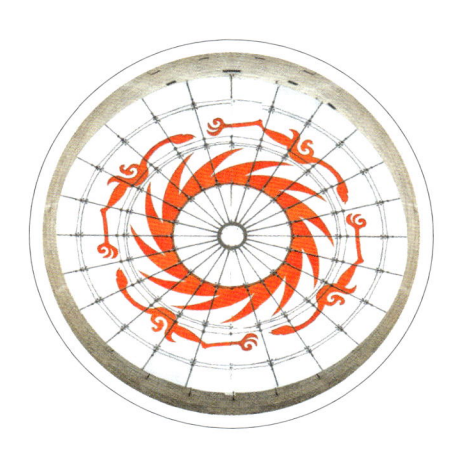

坐标：四川省成都市
博物馆等级：国家一级
荣誉：国家AAAA级旅游景区
　　　国家考古遗址公园
　　　全国重点文物保护单位
　　　全国中小学生研学实践教育基地

> "蚕丛及鱼凫，开国何茫然！尔来四万八千岁，不与秦塞通人烟……"诗仙李白曾在《蜀道难》中描写了蜀地的风光。诗中的蚕丛、鱼凫是传说中古蜀国国王的名字，而进入21世纪后中国的第一个重大考古发现——金沙遗址正是古蜀王国的都邑。

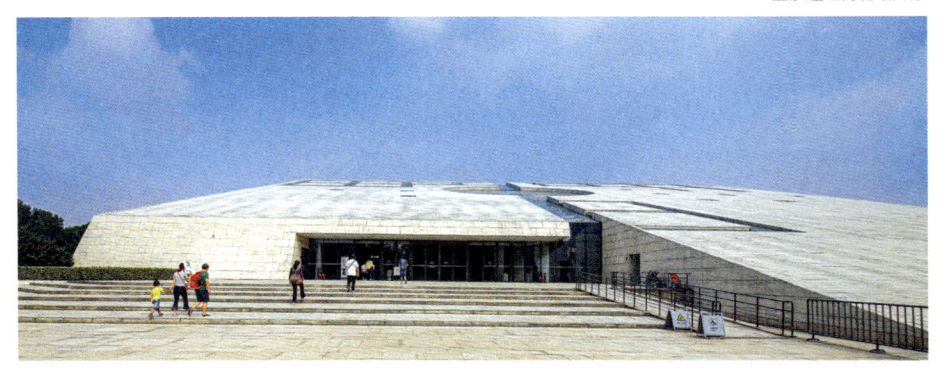

金沙遗址博物馆外景

第三章　巧夺天工／101

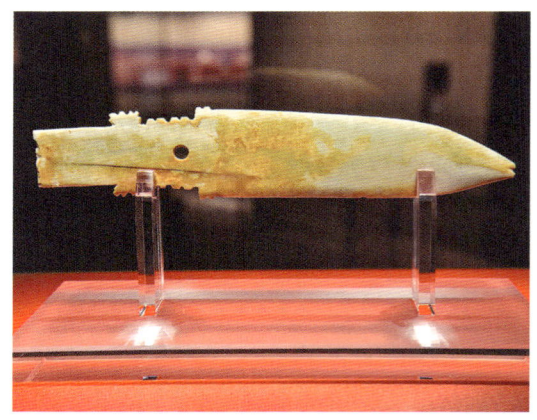

1. 玉戈
2. 金面具

◎ 自然之美，草野之趣

2007年，为了进一步保护、研究、展示金沙文化和古蜀文明，承载着成都3000年建城历史的金沙遗址博物馆拔地而起。博物馆占地面积30万平方米，总建筑面积3.8万平方米，是建造者结合遗址的自然景观，秉持"自然之美，草野之趣"的设计理念而建的，呈现在人们眼前的是一座现代化园林式博物馆。而分别位于摸底河南北两岸的两大主体建筑——遗迹馆和陈列馆，在外观上为方圆并立，相辅相成，是成都市重要的地标性建筑。

◎ 古蜀金沙的灿烂与辉煌

金沙遗址博物馆现有文物藏品万余件，其中一级文物364件、二级文物311件、三级文物319件。陈列馆建筑面积1.62万平方米，主题陈列"走进金沙"从生态环境、建筑形态、生产生活、丧葬习俗、宗教祭祀等角度展示了古蜀金沙的灿烂与辉煌，设有"远古家园""王国剪影""天地不绝""千载遗珍""解读金沙"5个展厅。

遗迹馆建筑面积7588平方米，是目前中国保存最完整，延续时间最长，祭祀遗迹、遗物最丰富的祭祀遗存。馆内以发掘现场的原生态保护展示为主，展示的是3000年前古蜀王国气势恢宏的滨河祭祀场景。

成都武侯祠博物馆

——鞠躬尽瘁，死而后已

坐标：四川省成都市
博物馆等级：国家一级
荣誉：国家AAAA级旅游景区
全国重点文物保护单位
全世界影响最大的三国遗迹博物馆
全国唯一的君臣合祀祠庙

丞相祠堂何处寻，锦官城外柏森森。
映阶碧草自春色，隔叶黄鹂空好音。
三顾频烦天下计，两朝开济老臣心。
出师未捷身先死，长使英雄泪满襟。
——［唐］杜甫《蜀相》

诸葛亮雕像

◎ 沧海桑田，祠庙犹存

三国时代，风云变幻，而三国文化也作为一种文化符号深深地影响着后世人们的精神生活。"三国圣地"成都武侯祠博物馆是诸葛亮、刘备及蜀汉英雄纪念地。博物馆的基本陈列"三国文化陈列"主题鲜明地展示、介绍了三国文化。整个陈列共展出157件（套）

1. 武侯祠
2. 锦里民俗区
3. 石龙浮雕

展品，其中有 104 件（套）文物，分为"战争风云""民俗采风""流风遗韵""蜀汉揽胜" 4 个单元。

"战争风云"单元以时间为线索梳理了三国历史的发展脉络，讲述了从群雄割据到官渡之战、赤壁之战和夷陵之战，最终三国鼎立局面形成的历史轨迹。"民俗采风"单元展示了画像砖、陶俑、钱币、铜镜、书法拓片等文物，介绍了三国时期的社会、经济、文化的情况。"流风遗韵"单元展示了后世深受三国文化影响的书画、戏曲、瓷器等，表现了三国文化极为丰富的生命形态。

西汉南越王博物馆

——横空出世，轰动一时

坐标： 广东省广州市
博物馆等级： 国家一级
荣誉： 国家 AAAA 级旅游景区
　　　全国重点文物保护单位

秦朝末年，赵佗割据岭南，建立南越国，汉武帝建元四年（公元前137年），赵佗去世，其孙赵眜继位，为南越国第二任君主。赵眜之墓于1983年被发现，保存完好，墓中出土文物1万多件，集中反映了2000多年前岭南政治、经济和文化等多方面的情况。

◎ 南越藏珍

西汉南越王墓是岭南地区迄今为止发现的唯一一座饰有彩绘、规模最大、随葬物最丰富的石室墓。西汉南越王博物馆以古墓为中心，建有综合陈列楼、古墓保护区、主体陈列楼三大部分，主要展示南越王墓原址及其出土文物，建筑面积约1.74万平方米。博物馆建筑在整体上采用了岭南现代建筑风格，外墙以红色砂岩贴面。主体陈列楼以"南越藏珍"为主题，分为"南越文帝""美玉大观""兵器车马""海路扬帆""生产工具""宫廷宴乐"6个单元。

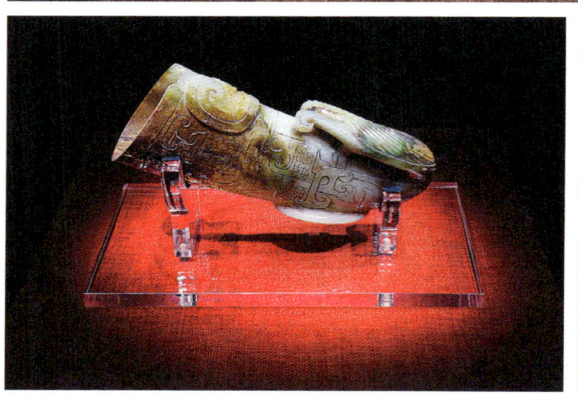

1. 西汉南越王博物馆外观
2. 角形玉杯
3. 丝缕玉衣

◎ 南越王最后的归处

走进古墓保护区，古墓上方装有覆斗形玻璃光棚，整个墓室仿阳宅形制，建筑面积约100平方米。墓室由石门隔开，分成了前后两部分。前部为前室、东耳室、西耳室；后部为主棺室、东侧室、西侧室和后藏室。墓主葬具安放在主室正中，为一棺一椁。墓中有印玺、玉器、铜器、金银器、陶器、瓷器等珍贵文物。其中"文帝行玺"金印、"帝印"玉印、丝缕玉衣、角形玉杯、金钩玉龙等文物具有十分重要的历史、艺术价值。

汉景帝阳陵博物院
——太平盛世的文化之旅

坐标：陕西省西安市
博物馆等级：国家一级
荣誉：国家 AAAA 级旅游景区
　　　 国家考古遗址公园

> "文景之治"是西汉时出现的太平盛世。汉景帝刘启为西汉第四位皇帝，公元前157年至前141年在位。他与父亲汉文帝刘恒共同开创了"文景之治"，不但促进了政治的进步和经济的繁荣，更为汉武帝开疆拓土奠定了基础。汉阳陵便是景帝刘启与王皇后同茔异穴合葬的陵园。

◎ 流光溢彩，独具特色

汉阳陵修建时间长达28年，总面积20平方千米。渭河岸边的汉景帝阳陵博物院是依托汉阳陵建立的国家一级博物馆。汉景帝阳陵博物院作为大型文化旅游景区，不仅展示了汉文化的博大精深，更展示了独具特色的地下遗址博物馆。博物院设有4个基本陈列，分别是考古陈列馆、帝陵外藏坑遗址保护展示厅、南阙门遗址保护展示厅和宗庙遗址，展示文物1万余件。

墓葬遗迹

◎ 中国封建帝王"事死如事生"

　　汉阳陵由帝陵陵园、后陵陵园、南区从葬坑、北区从葬坑、礼制建筑、陪葬墓园、刑徒墓地以及阳陵邑等组成。方形的帝陵陵园坐西向东，四周簇拥着的81条陪葬坑呈放射状。陵园东阙门外是长达900米的神道，连着宽达110米的司马道。司马道的南北两侧整齐排列着1万多座陪葬墓，这些墓的主人是王侯将相和文武百官。陵区内的陪葬坑还出土了武士俑、仕女俑、动物俑，形象栩栩如生。这些随葬品真实地体现了中国封建帝王"事死如事生"的丧葬观念。

三星堆博物馆

——长江文明之源

坐标：四川省广汉市
博物馆等级：国家一级
荣誉：国家 AAAA 级旅游景区
　　　全国青少年科技教育基地

距今5000年至3000年的三星堆古遗址是一座古蜀文化遗址，被称为20世纪人类最伟大的考古发现之一。三星堆古遗址的发现表明了长江流域与黄河流域一样，都属于中华文明的母体。誉满中外的三星堆博物馆便是在这座遗址的基础上建成的，以文物、建筑、陈列、园林为特色，是一处极具川西园林特色的文化旅游胜地。

◎ 川西园林，古蜀风光

三星堆博物馆占地面积约33万平方米，极具川西园林特色。博物馆内曲径通幽，动静结合，垂柳依依，湖光岛影，绿化面积超过80%。博物馆主体建筑的外形不仅有原始的遗址风格，还融入了现代建筑的气息。整体建筑与历史遗迹、地形地貌及文物造型艺术恰到好处地结合在一起，颇有古蜀神韵。博物馆共有两个展馆，一展馆的建筑体现了人与自然和谐发展的人文思想，为半弧形斜坡生态式建筑；二展馆的建筑为三位一体的变形螺旋式建筑，馆外设有仿古祭祀台和供现代文体活动表演的大型场地，与展馆建筑相互呼应，表达了三星堆文化博大精深的历史意蕴。

1. 三星堆博物馆外景
2. 铜兽首冠人像
3. 铜人头像

◎ 身临其境，神游故国

　　三星堆博物馆基本陈列名为"古城古国古蜀文化陈列"，分别陈列在"三星伴月——灿烂的古蜀文明""三星永耀——神秘的青铜王国"两大展馆中，分成9个单元。"三星伴月——灿烂的古蜀文明"为综合馆（第一展馆），展出的文物门类包括金、铜、玉、石、陶等；"三星永耀——神秘的青铜王国"为青铜器馆（第二展馆），展示三星堆结构严谨、气势威严的青铜文物。两大展馆在诠释三星堆文物的深刻内涵方面融合知识性、故事性、观赏性、趣味性，集中反映了灿烂无比的三星堆文明，让人身临其境，如同神游故国。

　　三星堆文物是极具历史科学、文化艺术价值和最富观赏性的文物群体之一，是宝贵的人类文化遗产。其中有许多造型离奇诡谲、堪称旷世神品的青铜器物，如高2.62米的青铜大立人、宽1.38米的青铜面具、高3.95米的青铜神树等。除此之外，以流光溢彩的金杖为代表的金器和以满饰图案的玉璋为代表的玉石器，亦十分罕见。

1 | 2

1. 人首鸟身像
2. 青铜神树

伪满皇宫博物院

——末代皇帝，传奇60年

坐标：吉林省长春市
博物馆等级：国家一级
荣誉：国家AAAAA级旅游景区
全国中小学生研学实践教育基地
全国重点文物保护单位
全国爱国主义教育示范基地

这里是伪满皇宫旧址，末代皇帝爱新觉罗·溥仪在这里称帝，成为"满洲国"的傀儡皇帝，日本侵略者在这里对中国东北推行法西斯殖民统治14年，这里也见证了近代长春城市的变迁。伪满皇宫博物院在伪满皇宫旧址建筑群的基础上修建而成，现为国家一级博物馆。

◎ 特殊历史造就特色陈列

已经走过了50余个春秋的伪满皇宫博物院目前为宫廷旧址博物馆与旅游景区相结合的格局，馆藏文物7万余件，包括伪满时期宫廷文物、日本近现代文物、东北近现代文物、民俗文物等。除了文物展览，伪满皇宫旧址建筑群目前还有50个宫廷原状陈列。原状陈列分成内廷和外廷两部分，以中和门为分界线。内廷是溥仪和亲眷生活的地方，主要包括缉熙楼、东御花园、西御花园、同德殿、书画楼等；外廷是溥仪处理"政务"的地方，主要有勤民楼、怀远楼、嘉乐殿、宫内府等。

1. 勤民楼
2. 溥仪御车"派克"牌轿车
3. 溥仪剪掉的辫子及戴过的近视镜

◎ 末代皇帝的一生

除了原状陈列，伪满皇宫博物院的常设展览有"伪满政权官吏展"和"从皇帝到公民——爱新觉罗·溥仪的一生"等。其中"从皇帝到公民——爱新觉罗·溥仪的一生"详细展示了溥仪从清朝末代皇帝到新中国公民的传奇一生，展览分为末代皇帝、天津寓公、伪满皇帝、特殊战犯和普通公民5个部分，对应溥仪的5个人生阶段。该展览是目前国内唯一全面、客观反映溥仪生平的展览，不仅揭示了溥仪的一生，更是以小见大，展示了一段特殊的历史变迁。

瑷珲历史陈列馆

——见证黑龙江的辉煌与屈辱

坐标：黑龙江省黑河市
博物馆等级：国家一级
荣誉：国家 AAAA 级旅游景区
全国爱国主义教育示范基地
国家级国防教育示范基地
全国中小学生研学实践教育基地

1674年，康熙皇帝为了驱逐沙俄入侵者，决定在瑷珲河畔建立瑷珲城。1685年，瑷珲城整体迁移到现在的地址，即瑷珲新城。瑷珲新城见证了中国各族人民在清朝时一起开发黑龙江流域的历史。

1909 年俄国纸币

◎ 不可或缺的爱国主义教育组成部分

　　瑷珲新城遗址内的瑷珲历史陈列馆承载了独特的历史内涵，全面反映了中俄东部关系史，为全国唯一以此为基本陈列内容的专题性遗址博物馆。陈列馆始建于 1975 年，2000 年进行了改扩

清政府被迫签订《瑷珲条约》的场景蜡像

建,新馆占地面积 12 万平方米,主展厅面积为 4600 平方米。陈列馆融遗址、建筑、陈列为一体,一方面讲述了黑龙江是如何由中国内河变成了中俄界河的,另一方面展现了瑷珲城由盛转衰的过程。陈列馆内不仅有中华儿女抗击外敌、保家卫国的史诗,亦有中华民族饱受蹂躏、丧权失地的屈辱篇章。作为中国北方民族的母亲河,黑龙江拥有辉煌的历史,也遭受了难以磨灭的屈辱,这些都是中华儿女需要接受的爱国主义教育内容。

◎ 母亲河的荣辱历程

瑷珲历史陈列馆的基本陈列为"瑷珲历史陈列",包括 5 部分:第一部分,"黑龙江是中国北方民族的母亲河";第二部分,"17 世纪的中国黑龙江流域和中俄《尼布楚条约》";第三部分,"17 世纪末至 19 世纪中叶的中国黑龙江流域";第四部分,"19 世纪下半叶的中国黑龙江流域和中俄《瑷珲条约》";第五部分,"庚子俄难和重建瑷珲"。整个陈列通过展示诸多历史照片、档案资料以及文物,客观、形象、生动地再现了历史。其中,第四部分陈列中有严格按清代档案记载和俄文记述设计、复原的清政府被迫签订《瑷珲条约》的场景,展品有俄国"1858 年纪念牌""1900—1901 出兵中国银质勋章"等极具说明性的实物。

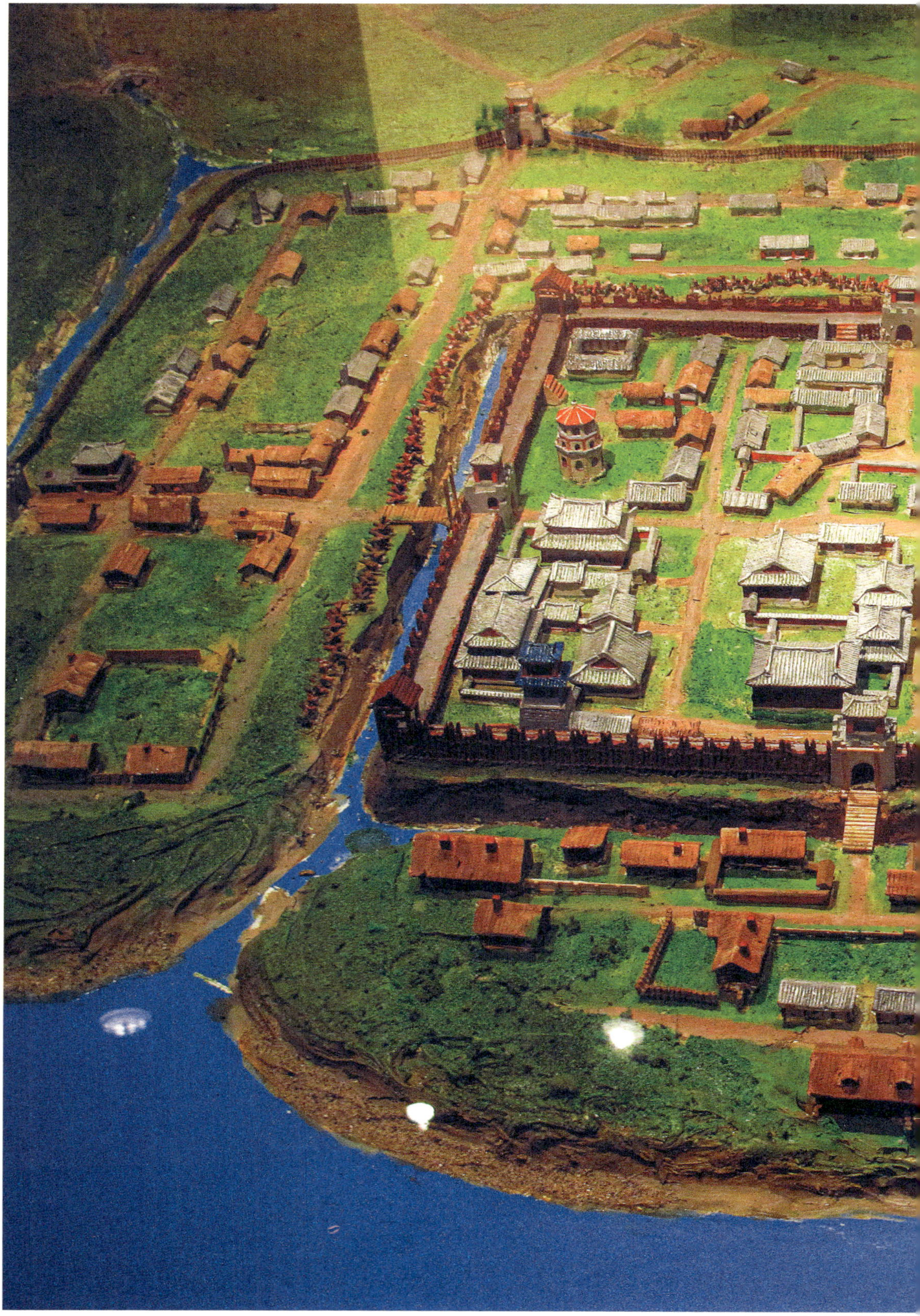

鼎盛时期的瑷珲新城模型

空间站实验舱

第四章

温故知新

从古至今，人类从未停下自己探索的脚步。千百年后的今天，人们收集了前辈们探索的成果，梳理归置，成就了一个又一个精彩的博物馆传奇。

中国科学技术馆

——探索科学奥秘，放飞科学梦想

坐标：北京市
博物馆等级：国家一级
荣誉：中国唯一的国家级综合性科技馆
　　　中国十大科技旅游基地之一

东临亚运居住区，西濒奥运水系，南依奥运主体育场，北望奥林匹克森林公园，一个巨大的"鲁班锁"在这里傲然耸立。这座建筑就是实施科教兴国战略、人才强国战略和创新驱动发展战略，提高全民科学素质的大型科普基础设施——中国科学技术馆。

◎ 引领全民科学素质提升

经过30余年的发展，中国科学技术馆建筑面积10.2万平方米，展览面积4万平方米，展教面积4.88万平方米。其建筑整体是一个体量较大的单体正方体，如同一个魔方，更像是一个巨型鲁班锁，意在号召国民探索科技奥秘。馆内设有5个主题展厅，分别为"科学乐园""华夏之光""探索与发现""科技与生活""挑战与未来"。除此之外，馆内还有球幕影院、巨幕影院、动感影院、4D影院等4个特效影院。

空间站实验舱

◎ 独特的科普魅力

中国科学技术馆的主要功能是科学教育,在这里,参观者不仅能够感受奇妙的科学原理,为技术应用的巨变拍手称奇,更能解密神奇精巧的机器,探索多彩的世间生命,还能体会历代先驱的探究历程,放飞自己的科学梦想。另外,中国科学技术馆为示范、引领全国科技馆事业的发展,创立并发展了"中国流动科技馆""科普大篷车""农村中学科技馆""中国数字科技馆"等科普服务品牌,奠定了中国特色现代科技馆体系建设的坚实基础。

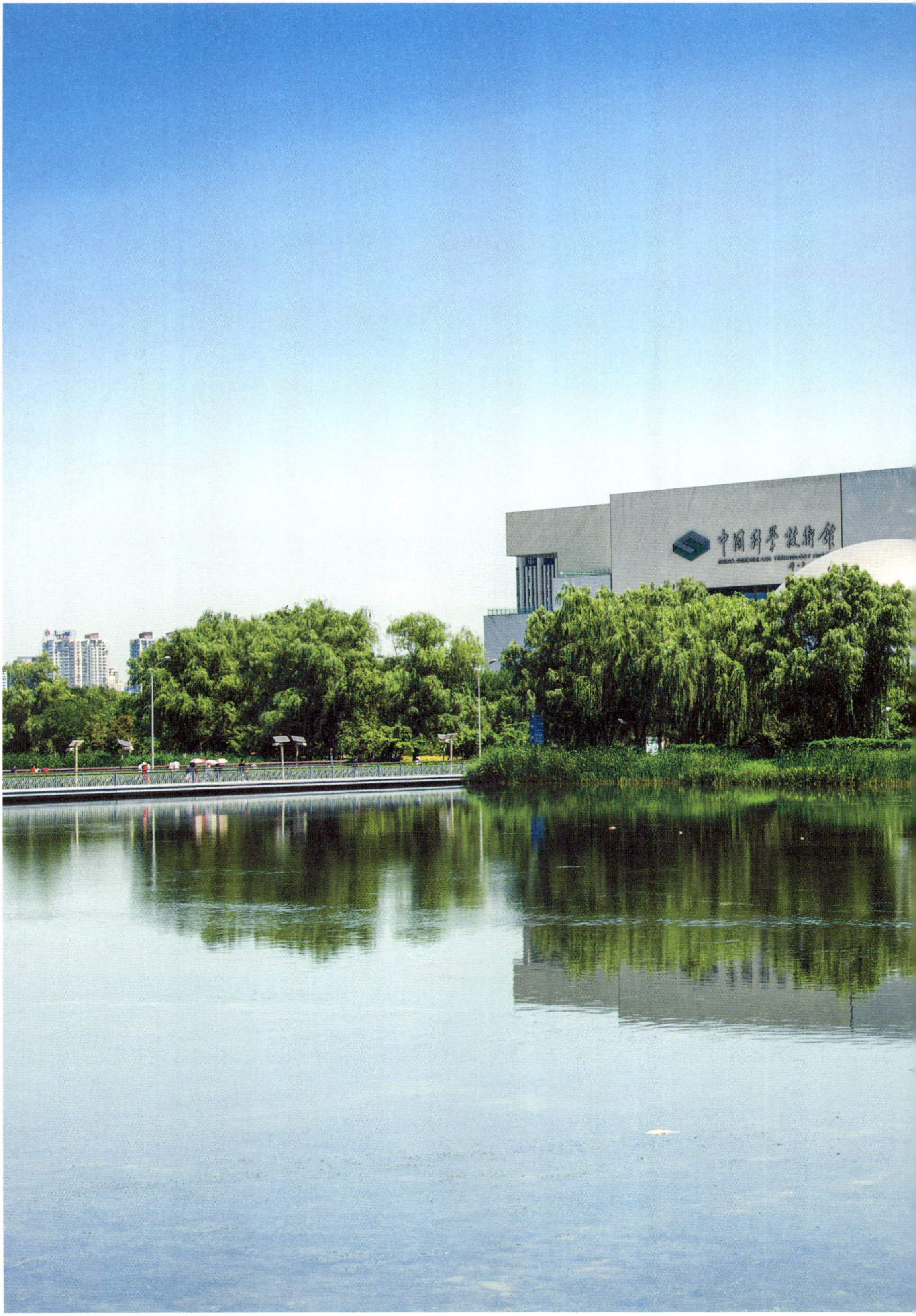
中國科學技術館

中国科学技术馆外景

北京自然博物馆

——架起人与自然沟通的桥梁

坐标：北京市
博物馆等级：国家一级
荣誉：全国青少年科普教育基地
　　　　科学与和平教育基地
　　　　入选首批中国 20 世纪建筑遗产名录

北京自然博物馆打开了一扇窗，让我们认识到：地球并非无边无际，并非青春永葆，并非取之不尽，用之不竭。北京自然博物馆更建起了一座桥，参观者在这里用眼睛看，用耳朵听，更用心感受，尽情与大自然"对话"。

◎ 天桥边的自然历史博物馆

北京自然博物馆是中华人民共和国自行筹建的第一座大型自然历史博物馆，位于北京市东城区天桥南大街126号。它面对极具现代化气息的天桥演艺区，背靠世界文化遗产天坛，具有特殊的文化环境。博物馆建筑面积约2.1万平方米，展厅面积1万多平方米，收藏的标本主要涉及古生物、动物、植物和人类学等领域。

◎ 馆藏精髓所在——"田家炳楼"

北京自然博物馆的基本陈列分为古生物陈列厅、植物陈列厅、动物陈列厅、人类陈

$\dfrac{1\ |\ 2}{\ |\ 3}$

1. 古黄河象头骨化石
2. 巨型井研马门溪龙化石
3. 鹦鹉嘴龙化石

列厅等部分。整个基本陈列将生物进化作为主线，描绘出生命在地球上发生发展的全过程，展示了生物多样性以及与环境的关系。

"田家炳楼"是北京自然博物馆的建筑中馆藏最为丰富的一座。这栋标本楼馆藏标本有数十万件，其中有许多在国内、国际上都堪称孤品的标本，如世界闻名的古黄河象头骨化石、巨型井研马门溪龙化石（长 26 米）等。馆内还收藏着世界各国友好人士赠送给我国国家领导人的部分礼品标本，其中比较珍贵的还有新西兰坎特伯雷国家博物馆赠送给我国的恐鸟骨骼标本，是目前唯一保存在我国的恐鸟骨骼标本。

中国航空博物馆

——亚洲第一，世界第五

坐标：北京市
博物馆等级：国家一级
荣誉：国家 AAAA 级旅游景区
　　　全国爱国主义教育示范基地
　　　全国国防教育示范基地和科普教育基地

北京市昌平区大汤山脚下坐落着一座世界排名第五、亚洲第一的大型航空专业博物馆，即中国航空博物馆。经过多年封山育林后，这里已经成为天然植被茂密的国家 AAAA 级旅游景区。

航空发动机

◎ 人民空军的过去、现在与未来

中国航空博物馆馆区面积 72 万平方米，其中绿化面积 45 万平方米，综合展馆面积 1.4 万平方米，洞库展厅面积 2 万平方米。中国航空博物馆的藏品包括 144 个型号的 329 架飞机以及导弹、雷达等各类武器装备样品，还有重要的友好

1. 英雄纪念墙
2. 典型作战样式沙盘

"乐士文 1 号"飞机

往来礼品超 1.5 万件。中国航空博物馆收藏并展出的飞机见证了人民空军的光辉历程和中国航空工业发展的历史，各种型号的飞机应有尽有，非常珍贵。

◎ 数万平方米的英雄雕塑展示

除了室内展示，中国航空博物馆还有2.28万平方米的雕塑景观区。整个景观区分成3部分，分别为：英雄广场、英雄大道群雕区和"利剑"主雕区。其中，英雄大道群雕区共有青铜材料铸造而成的雕塑11组，分别为：中国航空之父冯如、高瞻远瞩、艰苦创业、空中铁拳、神威导弹、心系蓝天、恪尽职守、神兵天降、蓝天使命、制胜空天、放飞理想。

北京天文馆

——探寻万千星辰的奥妙

坐标：北京市
博物馆等级：国家一级
荣誉：国家 AAAA 级旅游景区
　　　中国第一座大型天文馆

1957 年，中国第一座大型天文馆——北京天文馆正式对外开放。60 多个春秋过去，北京天文馆让一拨又一拨参观者乘兴而来，尽兴而归。2007 年，国际小行星中心发布公告：第 59000 号小行星永久命名为"北馆星"，即北京天文馆星。

◎ 北京古观象台所在地

坐落于北京西直门外大街的北京天文馆是我国第一座大型天文馆，占地面积 2 万平方米，建筑面积 2.6 万平方米。并且，明清两代皇家天文台——北京古观象台也在北京天文馆。北京古观象台是国家重点文物保护单位，台顶展出 8 件古天文仪器，堪称"中国天文国宝"。

◎ 9000 余颗恒星的模样

北京天文馆分为 A、B 两馆，包括 4 个科普剧场。A 馆天象厅可容纳 400 名观众，

"穿越金水地"展览

$\dfrac{1}{2}$　1. 北京天文馆外景
　　2. 古观象台天文仪器

厅中装有蔡司九型光学天象仪和目前世界上分辨率最高的全天域数字投影系统。在这里，观众不仅能够看到地球上肉眼可见的 9000 余颗恒星，还能看到高达 8K 分辨率的球幕影像。B 馆除了 3 个科普剧场外，还装有各式各样的科普教育设备设施，如天文展厅、太阳观测台、大众天文台、天文教室等。其中宇宙剧场的半径长达 18 米，装有标准半球全天域银幕，其呈现出的立体天幕效果在中国大陆地区是独一无二的。

中国农业博物馆

——中国农业发展的前世今生

坐标：北京市
博物馆等级：国家一级
荣誉：爱国主义教育基地
　　　全国青少年科技教育基地
　　　国际科学与和平教育基地

> "锄禾日当午，汗滴禾下土。谁知盘中餐，粒粒皆辛苦。" 中国自古就是农业大国，走进中国农业博物馆，就如同打开了一本与中国农业历史息息相关的立体农业百科全书。

◎ **中国农业文明的发展史**

中国农业博物馆是在全国农业展览馆的基础上筹建的，其室内基本陈列包括"中华农业文明陈列""中国传统农具陈列""中国土壤标本陈列""青少年农业科普陈列"等。其中，"中华农业文明陈列"展出了1000多件（套）文物。陈列分为包括序厅在内的8个专题：序厅、农业文明的演进、犁锄镰磨的发明与传承、水利工程与水的利用、养殖业的起源与发展、纺织技术的起源与传播、西学东渐与实验农学、前进中的共和国农业。青少年农业科普馆被称为中国农业博物馆中最好玩、最有趣的展馆。除了浏览展示内容，人们还可以在这里体验插秧的过程，感受看似简单实际蕴含很多道理的农事活动。

1. 中国农业博物馆外景
2. 现代化农业工具
3. 现代农业展厅

◎ 走进城市花园

　　中国农业博物馆的室外展园面积1万多平方米，分成古代传统农事园、现代科学农事园两部分。其中，古代传统农事园真实地再现了中国农民农耕生活的日常状态，包括挽犁春耕、田头施肥、田间送饭（农家亲情）、喜播嘉种、清明插秧、金秋收获、春碓加工和贮粮入仓等情景，体现了百姓生产生活的朴实无华。馆内环境优美，亭台楼阁，绿树参天，廊道迂回，植物种类异常丰富，是国内少见的园林式博物馆之一。

东北师范大学自然博物馆暨
吉林省自然博物馆

——自然之美，万物之灵

坐标：吉林省长春市
博物馆等级：国家一级
荣誉：全国科普教育基地
　　　国家环保科普基地

恐龙化石

生物的诞生、发展与灭绝构成了地球悠久的历史，绘就了大自然从过去到现在的发展画卷。而自然博物馆肩负了将这一伟大画卷展示给人们的重要责任，东北师范大学自然博物馆暨吉林省自然博物馆也在为此而努力。

◎ 从标本中看自然

东北师范大学自然博物馆暨吉林省自然博物馆占地面积5.4万平方米，建筑面积1.47万平方米，展厅面积6000平方米。作为一座综合性自然历史博物馆，该博物馆馆藏标本近10万件，主要反映了吉林省的生物多样性

东北师范大学自然博物馆暨吉林省自然博物馆外景

以及自然资源状况。其中，动植物标本中有国家一、二级保护动植物种类598件，化石标本中有完整的猛犸象、披毛犀、原始牛化石骨架及中华龙鸟化石等。

◎ 七大陈列展风光

博物馆设有7个基本陈列，分别为"山之魂""林之韵""蝴蝶谷""鸟之灵""兽之趣""化石世界""猛犸象"。吉林省自然资源丰富，长白山、松花江都在这里。"山之魂""林之韵"集中展示了吉林省最具特色的自然景观——长白山；"蝴蝶谷"展示了世界各地300多种600件蝴蝶本；"鸟之灵""兽之趣"展示了动物世界的美妙与神奇；"化石世界"通过"化石""恐龙时代""东北第四纪灭绝动物""探索之角"4个单元，以穿越时空的化石为人们带来了史前的声音；"猛犸象"展示了吉林省出土的3具猛犸象化石骨架。

中国地质博物馆
——自然精华，无形财富

坐标： 北京市
博物馆等级： 国家一级
荣誉： 全国科普教育基地
　　　　全国青年科技创新示范基地
　　　　全国青少年科技教育基地
　　　　全国青少年教育基地

闻名中外的中国地质博物馆在亚洲同类博物馆中首屈一指，这源于其典藏系统、成果丰硕、陈列精美。在这里，参观者不仅能欣赏鬼斧神工、丰富多彩的大自然风情，更能见识到前赴后继的地质学家们为了多彩的地学文化奋力拼搏的风采。

◎ 馆藏精品众多

博物馆有着浓郁的科学氛围，参观者能够以轻松愉悦的心情踏入百科全书式的地学空间。博物馆收藏了20余万件地质标本，分为岩矿类、化石类、宝玉石类等，涵盖地学各个领域。其中，博物馆的镇馆之宝——重达3.5吨的水晶王矗立在博物馆门前的广场上，这是目前为止中国发现的最大的水晶晶体。整个晶体如同一座晶莹剔透的金字塔，在阳光下光彩熠熠。

1 中国地质博物馆外景
2 化石展厅
3 矿石展览

◎ 关注人类生存环境与质量

目前，中国地质博物馆的基本陈列按照地球圈层结构布局，分为地球厅、矿物岩石厅、宝石厅、史前生物厅。其中，地球厅介绍了在内外动力的作用下，地球发生的重要地质作用；矿物岩石厅让参观者在欣赏矿物岩石展品的同时，探索某些矿物岩石的成因及特性，获得相关知识；宝石厅的展品主要是单晶宝石和玉石，曾荣获"全国博物馆十大陈列展览精品奖"。

重庆自然博物馆

——90 年积淀，值得常去

坐标：重庆市
博物馆等级：国家一级
荣誉：全国科普教育基地
　　　　中国古生物学会科普教育基地
　　　　国土资源科普基地

中国第一件地形浮雕、第一个地磁测点、第一件中国制作的大熊猫标本、第一批钒钛磁铁矿样品、第一批成系列的土壤标本……丰富的馆藏是重庆自然博物馆的深厚积淀。这座 90 年前由重庆实业家卢作孚建立的重庆第一座博物馆，如今以无与伦比的底气，享誉中外。

重庆自然博物馆外景

矿石

◎ 90年的丰厚积淀

重庆自然博物馆包括新馆和老馆两部分。新馆建筑面积3万多平方米，展示面积约1.6万平方米。新馆现有藏品超过11万件，涉及学科包括动物学、植物学、古生物学、古人类学、矿物学、岩石学、土壤学等。除了大量的恐龙化石，重庆自然博物馆还收藏有丰富的熊猫化石。重庆自然博物馆是国内最早公开展示大熊猫标本的博物馆。

◎ 人与自然和谐共处的号召

新馆的基本陈列包括"动物星球""恐龙世界""山水都市""地球奥秘""生命激流""生态家园"，分布在地球厅、进化厅、恐龙厅、动物厅（贝林厅）、环境厅、重庆厅6个展厅中，倡导人与自然和谐共处和可持续发展理念。其中，动物厅又称为"贝林厅"，是美国慈善家肯尼斯·尤金·贝林捐赠的珍贵藏品的展示区。老馆"科学魂　强国梦——中国西部科学院旧址历史陈列展览"于2018年开放，包括4个单元："惠宇楼的故事""关注民众教育""战时学术中心""新时代的辉煌"，全面叙述了中国西部早期科技发展史、科学普及发展史以及抗战内迁科技史。

浙江自然博物馆
——自然·生命·人

坐标：浙江省杭州市
博物馆等级：国家一级
荣誉：全国科普教育基地
全国最具创新力博物馆

走进浙江自然博物馆，就踏上了一段探索自然奥秘、生命的神秘与恢宏的旅途，丰富生动的展示叙述着"自然·生命·人"的故事，古老的海百合化石、千年阴沉木、灰鲸骨骼、鲸鲨、北极熊等大型标本，无声地证明了生命的伟大与变幻莫测。

◎ 无声的标本，有形的历史

作为省级自然历史博物馆，浙江自然博物馆建筑面积2.6万平方米，展厅面积1.15万平方米。博物馆藏品20万余件（组），包括古生物、矿物、岩石、植物、哺乳动物、鸟类、爬行类、两栖类、鱼类等各类藏品。种类丰富、数量较多且有代表性的藏品当数恐龙蛋、海生爬行动物化石、文化遗址动物遗骸、海洋生物、鸟类等。其中有堪称国内外同类标本之最的礼贤江山龙、临海浙江翼龙、云贵龙、鲸鲨、灰鲸、野生华南虎等百余件标本。为了充分展示这些独具特色的藏品，博物馆在陈列布展方面进行了创新改进，结合了空间、色彩、造型等重要的设计元素，采用了自然还原、艺术概括、互动启发等现代手法。

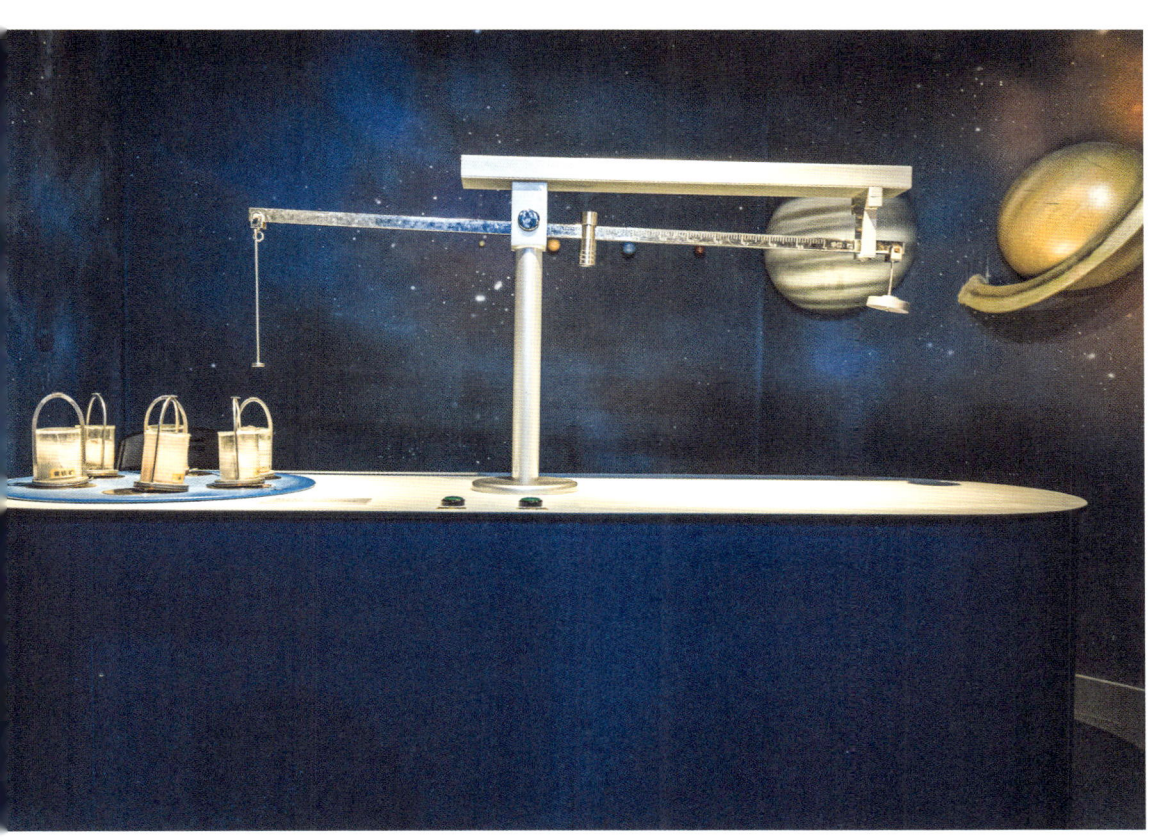

陨石的重量

◎ 自然之美，生命之难

  浙江自然博物馆以地球及生命诞生与发展为主线，设置了五大展区，分别为"地球生命故事""生物世界""绿色浙江""狂野之地""青春期健康教育展"，向公众展示雄壮瑰丽的自然景观。其中，"地球生命故事"设置了5个单元，分别为"生命家园""生命诞生""生命登陆""恐龙时代""哺乳动物时代"，从46亿年前讲起，形象生动地展示了地球的生命成长历程。而毛氏峨眉龙、礼贤江山龙、猛犸象、三趾马等标本是地球历史的见证者，突出表现了生命演进的艰难历程。"绿色浙江"设置"浙江的自然""浙江的生态""环境保护与可持续发展"3个单元，将绿色的浙江大地上的天地精华浓缩在有限的空间内，展示了浙江的美丽景观和丰富的动植物资源。

自贡恐龙博物馆

——侏罗纪"恐龙之乡"

坐标： 四川省自贡市
博物馆等级： 国家一级
荣誉： 国家AAAA级旅游景区
全国青少年科技教育基地
中国古生物科普教育基地

恐龙，亿万年前的地球霸主，在地球生命进化史上绘出了浓墨重彩的一笔。1915年，自贡地区发现了一枚恐龙牙齿化石，这一发现为人类打开了了解侏罗纪时期的恐龙世界的通道，填补了世界恐龙化石年代的空白。而大山铺恐龙化石群遗址的发现确立了自贡恐龙在中国恐龙化石发现研究史上的重要地位，自贡恐龙博物馆正是在这一遗址上兴建的。

巨型恐龙化石

◎ 走进"东方龙宫"

自贡恐龙博物馆是中国第一座专业性恐龙博物馆，是世界三大恐龙遗址博物馆之一，也是目前世界上收藏和展示侏罗纪恐龙化石最多的地方。博物馆占地面积7万余平方米，馆内收藏的化石标本涵盖了侏罗纪时期所有陆生脊椎动物的门类，如两

自贡恐龙博物馆外景

栖类、爬行类、似哺乳类、哺乳类等。所收藏的化石不仅数量繁多、种类丰富，且保存完好，能够系统而完整地展示生物演化的过程。这里有世界上最原始、最完整的剑龙——太白华阳龙，世界上最完整的小型鸟脚类恐龙——劳氏灵龙，世界上首次发现的蜥脚类恐龙尾锤——蜀龙和峨眉龙尾锤，世界上保存最完整的肉食性恐龙——和平永川龙，世界上首次发现的剑龙皮肤化石——四川巨棘龙皮肤化石，等等。

◎ 重回侏罗纪世界

自贡恐龙博物馆现有的基本陈列"侏罗纪恐龙世界"，按照"恐龙世界—恐龙遗址—恐龙时代的动植物—珍品厅—恐龙再现"的顺序展示，充分展示了专业博物馆和遗址博物馆的双重特色。走进其中，一幅奇妙、壮观且神秘瑰丽的史前画卷徐徐展开，不仅能看到恐龙及许多早已消失的物种，还能看到令人震撼的化石埋藏现场。人们可以跟随寻龙前辈的足迹，去探查亿万年前的生命之谜。

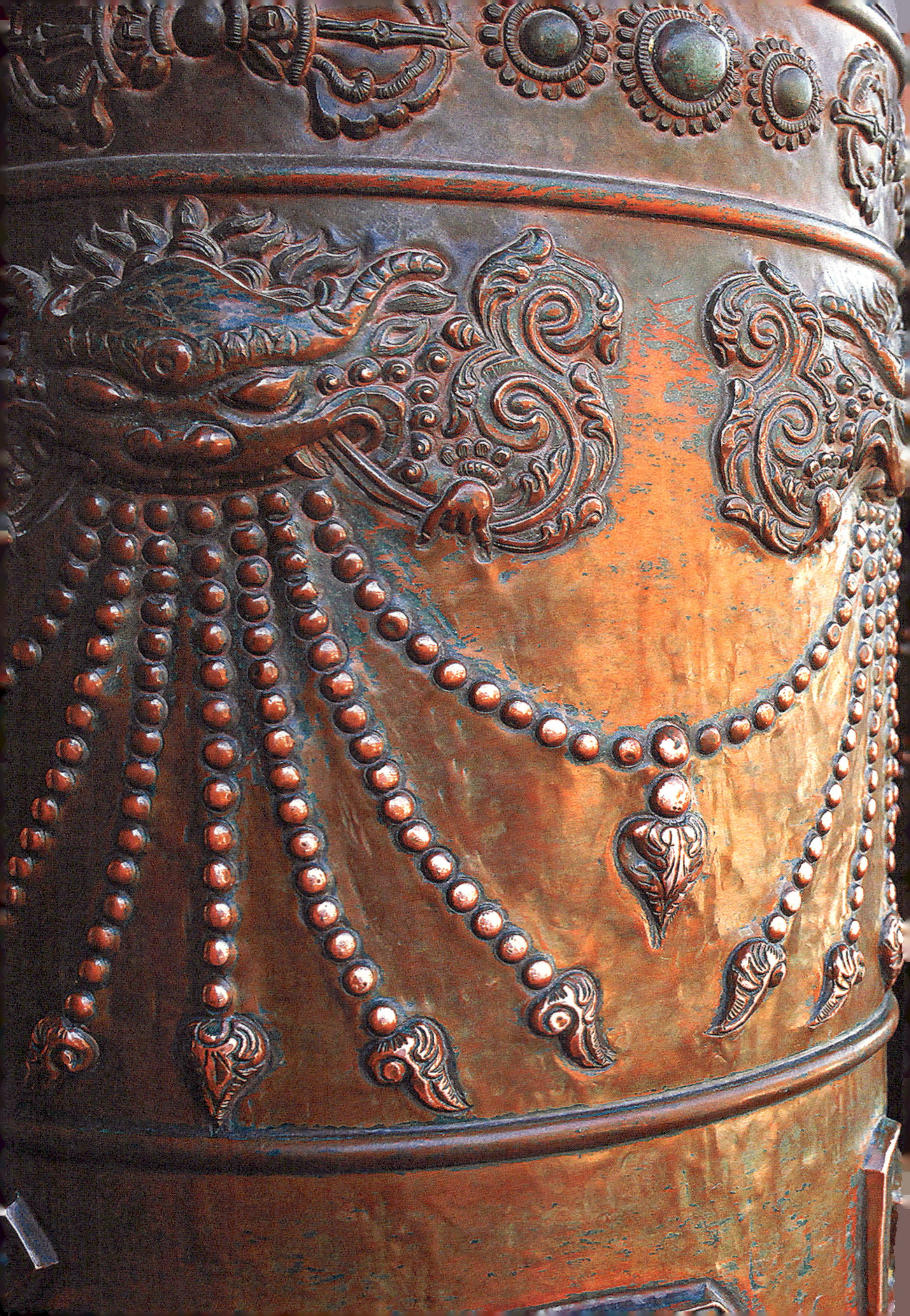

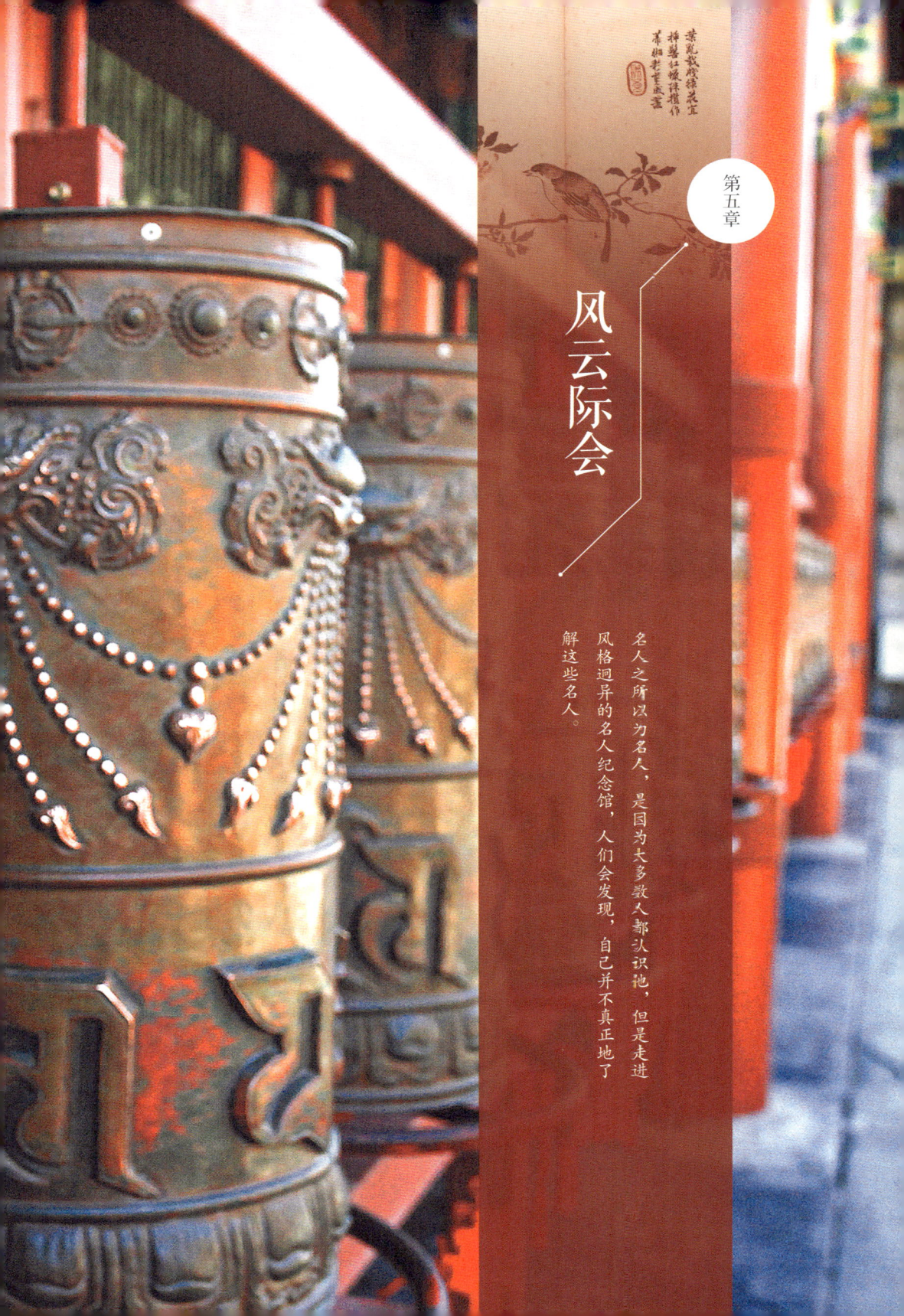

第五章

风云际会

名人之所以为名人,是因为大多数人都认识他,但是走进风格迥异的名人纪念馆,人们会发现,自己并不真正地了解这些名人。

北京鲁迅博物馆

——历史与未来并不遥远

坐标：北京市
博物馆等级：国家一级
荣誉：全国重点文物保护单位

北京鲁迅博物馆是全国唯一一家全面展示五四新文化运动历史的综合性纪念馆。他的《自题小像》中写道："寄意寒星荃不察，我以我血荐轩辕"，他的《自嘲》中写道："横眉冷对千夫指，俯首甘为孺子牛"，他就是鲁迅，中国著名的文学家、思想家和革命家。郁达夫曾这样评价他："如问中国自有新文学运动以来，谁最伟大？谁最能代表这个时代？我将毫不踌躇地回答：是鲁迅。"

◎ 朝花夕拾

北京鲁迅博物馆坐落在北京市西城区阜成门内大街宫门口二条19号，包括鲁迅旧居和鲁迅陈列展览。

1924年春天，鲁迅购买了阜成门内的一处四合院，并自己进行了设计改建，这座四合院就是鲁迅旧居。鲁迅旧居不仅是全国重点文物保护单位，也是北京到目前为止保存最完整的一处鲁迅居所。鲁迅在这里度过了两年多的时光，后来鲁迅从上海到北京来看望自己的母亲，也是住在这里。鲁迅在这里写下了《华盖集》《华盖集续编》《野草》和《彷徨》《朝花夕拾》《坟》中的部分篇章。

北京鲁迅博物馆外景

◎ 了解一个有血有肉的鲁迅

　　北京鲁迅博物馆现收藏有7万余件藏品，主要包括鲁迅的手稿、藏书、藏画、碑拓片、友人信札等。另外，博物馆还有大量的鲁迅著、译、辑、编的著作版本和鲁迅研究著作版本、现代文学丛刊与新旧期刊。博物馆的基本陈列——"鲁迅生平陈列"以鲁迅一生的足迹为线索，分为"在绍兴""在南京""在日本""在杭州、绍兴、南京""在北京""在厦门""在广州""在上海"8个部分。整个陈列向人们展示了一个有血有肉的鲁迅，全面而系统地介绍了鲁迅不平凡的一生，以及他在文学、美术等方面取得的辉煌成就。另外，展厅一层中心展区还展示有4个主题形象——"什么是路""铁屋中的呐喊""麻木的看客""这样的战士"。

恭王府博物馆

——一座恭王府，半部清代史

坐标：北京市
博物馆等级：国家一级
荣誉：国家 AAAAA 级旅游景区
　　　全国重点文物保护单位
　　　国家非物质文化遗产展示保护基地

在北京市西城区柳荫街上，有一座清代王府，名为恭王府。恭王府不仅规模宏大，气势非凡，更有着240余年的历史，见证了清王朝由盛至衰的发展历程，蕴含丰富的历史文化内涵，因此有"一座恭王府，半部清代史"的说法。

◎ 北京市唯一向公众开放的清代王府

　　恭王府是迄今北京保存最为完整的清代王府，并且是唯一向公众开放的清代王府。恭王府最初是乾隆皇帝的宠臣和珅奉旨修建的，是乾隆皇帝的十公主和孝公主与额驸丰绅殷德的住处。1850年，道光皇帝将其赐给了六弟恭亲王奕䜣。在恭亲王奕䜣搬到此处居住后，此处始称恭王府。声名显赫的恭王府占地面积约6万平方米，包括府邸和花园两部分。府邸富丽堂皇，花园繁花缤纷，其间还有各式建筑群落30多处。

1. 恭王府大门
2. 西洋钟
3. 转经筒

◎ 清代王府文化初探

  2017年，恭王府博物馆被评为国家一级博物馆，收藏文物包括瓷器、青铜器、玉器、书画等门类。博物馆的常设展览有6个，分别为"清代王府文化展""恭王府历史沿革展""恭王府博物馆馆史展""《红楼梦》与恭王府""神音禅韵——恭王府宗教生活展""恭王府府邸修缮实录"。其中，"清代王府文化展"分为"清代的封爵制度""王府的建筑和规制""身系国家的大清王公"3部分，介绍了清朝的封爵制度以及王府和王公的政治、军事、外交作用，人们通过这些展示可以初步了解清代的王府文化。

周恩来邓颖超纪念馆

——全心全意为人民服务的一生

坐标：天津市
博物馆等级：国家一级
荣誉：全国爱国主义教育示范基地
　　　全国廉政教育基地
　　　全国红色旅游工作先进集体

在天津市水上公园风景区的北侧，矗立着一座庄严巍峨的青灰色建筑，这便是周恩来邓颖超纪念馆。天津是周恩来、邓颖超始终眷念的第二故乡，周恩来邓颖超纪念馆是了解和怀念周恩来、邓颖超光辉一生的重要场所，更是学习和发扬他们为祖国、为人民鞠躬尽瘁的崇高精神的地方。

前苏联政府赠送的吉姆老爷车

◎ 全国唯一一座夫妻合一的伟人纪念馆

周恩来邓颖超纪念馆占地面积 7 万平方米，建筑面积 1.3 万平方米，是全国唯一一座夫妻合一的伟人纪念馆。周恩来、邓颖超在天津相识、相知、相恋，在这里共同走上了革命道路，而在自己生命的尽头，他们又将骨灰撒入海河。纪念馆内不

周恩来邓颖超纪念馆外景

仅收藏有珍贵的文物和图像资料，还保存着一个楠木深雕松鹤图案的骨灰盒。看似普通的骨灰盒却有着极不寻常的经历，因为它先后盛放过周恩来、邓颖超两位伟人的骨灰。这是周恩来邓颖超纪念馆最珍贵的文物之一。

◎ 为人民鞠躬尽瘁

纪念馆的基本陈列包括主展厅、西花厅专题陈列厅（按1∶1比例仿建的北京中南海西花厅）和周恩来专机陈列厅。其中，主展厅内包括周恩来生平展和邓颖超专题展；西花厅专题陈列厅设有复原陈列和主题文物展"伟大的情怀"；周恩来专机陈列厅陈列着苏联政府赠送给周恩来总理的伊尔-14型678号专机。周恩来生平展名为"人民总理周恩来"，分为"为追求真理不懈探索""为民族解放建立功勋""为人民幸福鞠躬尽瘁"3部分。邓颖超专题展名为"邓颖超——20世纪中国妇女运动的先驱"，分为"革命战争年代""建设改革时期"两个部分。

抚顺市雷锋纪念馆
—— 一生因平凡而伟大

坐标：辽宁省抚顺市
博物馆等级：国家二级
荣誉：全国爱国主义教育示范基地
　　　　国家国防教育示范基地
　　　　全国廉政教育基地
　　　　全国关心下一代党史国史教育基地

> 要大力弘扬雷锋热爱党、热爱祖国、热爱社会主义的崇高理想和坚定信念，弘扬雷锋服务人民、助人为乐的奉献精神，弘扬雷锋干一行爱一行、专一行精一行的敬业精神，弘扬雷锋锐意进取、自强不息的创新精神，弘扬雷锋艰苦奋斗、勤俭节约的创业精神。"
>
> ——《关于深入开展学雷锋活动的意见》

◎ 见证光辉事迹

抚顺市雷锋纪念馆坐落在原雷锋生前所在部队的驻地附近，占地面积9.99万平方米。纪念馆现有藏品2142件，藏品种类包括照片类、实物类、文献类、书籍类、艺术品类、音像类等，都是与雷锋生平相关的文物。另外，纪念馆还收藏有大量雷锋生平史料，这些史料见证了雷锋的光辉事迹，弘扬和传承了雷锋精神。

1. 抚顺市雷锋纪念馆外景
2. 雷锋雕塑
3. 雷锋家模型

◎ 弘扬和传承雷锋精神

  按照功能的不同，雷锋纪念馆被分成了展览区、凭吊区、碑苑区、雕塑区、青少年教育活动区和综合服务区6个区。展馆的基本陈列包括3部分："光辉的一生""永恒的精神""永远的传承"。其中，"光辉的一生"讲述了雷锋从小到大的成长经历和雷锋精神是如何形成的。这部分通过图片、文字与实物、场景相结合，讲述了雷锋的故事，主要包括"苦难童年""先锋少年""新式'农民'""模范工人""伟大战士"5个单元。"永恒的精神"重点反映了雷锋作为时代楷模的崇高理想和坚定信念。"永远的传承"则采用现代科技手段，展示了全国人民向雷锋学习的历程、成果和经验。

林则徐纪念馆

——民族风骨，存于古厝

坐标：福建省福州市
博物馆等级：国家二级
荣誉：全国爱国主义教育示范基地
　　　国家国防教育示范基地
　　　全国人文社会科学普及基地
　　　全国中小学生研学实践教育基地

林则徐画像

1839年6月，2 376 254斤（1斤=0.5千克）鸦片在虎门海滩被销毁，史称"虎门销烟"。主持这场运动的正是被称为近代中国"睁眼看世界的第一人"的林则徐。1996年，经国际小天体命名委员会批准，将我国科研人员发现的小行星（国际永久编号7145）命名为"林则徐星"。

◎ "福州古厝"的典型代表

林则徐纪念馆是在"林文忠公祠"基础上建成的，包括"林则徐宅与祠""林则徐史绩展""禁毒展馆"等，总占地面积1.5万平方米，是"福州古厝"的典型代表。

林则徐纪念馆外景

走进林则徐纪念馆，穿过仪门，有一重檐歇山顶的四角亭，正面悬挂的匾额上写有"御碑亭"3个字。碑亭虽不大，但是风格端庄雅致，是福州目前保存较好的清式建筑精品。始建于1905年的御碑亭内竖立着3座青石碑，呈"品"字形排列，象征着林则徐一生正直刚毅的品质。3座碑大小相等，均高2.69米、宽0.89米。石碑以白石台明底座为衬，以双龙戏珠浮雕为碑首，环绕在碑名四周，象征吉祥喜庆。亭柱上有一副木刻的楹联——"苟利国家生死以，岂因祸福避趋之"。

◎ 民族英雄的一生

"林则徐宅与祠"包括林则徐出生地、林则徐故居和林文忠公祠。林则徐出生地现设有固定陈列"少年林则徐"和"春风化雨，砥砺奋进——林则徐系列遗迹保护修复回顾"。林则徐故居占地面积约3500平方米，内含主座三进，东西各两进，由"七十二峰楼""揖斗楼"等组成。纪念馆的主要展览为"林则徐史绩展"，分为5个部分，分别为"矢志报国的闽都赤子""清正务实的社稷名臣""放眼世界的左海伟人""举世共仰的禁毒先驱""抗敌御侮的民族英雄"，详尽地展示了林则徐不平凡的一生。

陈云纪念馆

——克己奉公的光辉榜样

坐标：上海市
博物馆等级：国家一级
荣誉：全国爱国主义教育示范基地
全国廉政教育基地
全国红色旅游经典景区

陈云曾说："一个人最愉快的事，就是参加革命，为人民的利益而斗争。"在他伟大而光辉的一生中，很多经典瞬间值得人们回顾，亦有历经坎坷的故事等待人们去了解。走进陈云纪念馆，那些经典和故事划过历史长河，一一展现在人们眼前；走进陈云纪念馆，近距离感受年代和岁月带来的震撼。

◎ 苍松翠柏中的纪念馆

陈云纪念馆是在"陈云故居"和"青浦革命历史陈列馆"原址的基础上建成的，是全国唯一系统展示陈云同志生平业绩的纪念馆。纪念馆总占地面积约3.5万平方米，主体建筑占地面积2.6万平方米，总建筑面积5500平方米，包括地下一层和地上二层。主体建筑前的广场上设有陈云铜像，苍松翠柏环绕在主体建筑周围，陈云故居与主体建筑比邻而居。上海市的市河就在纪念馆后方，河两岸的建筑群仍然保留着江南小桥流水特色。为了表达崇高的纪念主题，纪念馆的主体建筑应用的是中轴对称布局手法，造型设计上既有现代元素，还融入了深厚的地方历史文化内涵。

陈云铜像

陈云故居

◎ 以时间为线索，展革命风采

纪念馆设有"陈云生平业绩展""陈云文物展""青浦革命历史展"和陈云故居。其中，"陈云生平业绩展"按照时间脉络，以中国社会的变迁为时代背景，展出陈云的生平业绩和部分遗物。展览设有序厅和3个展厅。第一展厅名为"为民族独立、人民解放和新中国诞生建立不朽功勋"；第二展厅名为"为社会主义建设做出卓越贡献"；第三展厅名为"为开创中国特色社会主义道路发挥重要作用"。陈云故居是一座砖木结构的老式江南民居，紧靠上海市的市河，与民宅融为一体，富有江南水乡小镇的独特韵味。故居内的陈设基本保持了当年的原貌。

韶山毛泽东同志纪念馆

——伟大领袖毛主席永垂不朽

坐标：湖南省韶山市
博物馆等级：国家一级
荣誉：全国优秀爱国主义教育示范基地

> "东方红，太阳升，中国出了个毛泽东。他为人民谋幸福，他是人民的大救星。"一首家喻户晓的民歌——《东方红》唱出了人民对毛泽东主席的敬爱和怀念。伟大领袖毛主席的业绩、思想、风范永远鼓舞着中华儿女奋勇向前。

◎ 伟人风范

韶山毛泽东同志纪念馆系统地展示了毛泽东的生平事迹、思想和人格风范，包括生平展区、专题展区、旧址群等，占地面积约9.9万平方米，总建筑面积约3.3万平方米。目前，纪念馆收藏有文物、文献、资料6.3万件，陈列展览面积1.6万平方米。除了两大展区，纪念馆的旧址群还包括毛泽东故居、毛泽东开展过农民运动的旧址毛氏宗祠、毛鉴公祠、毛震公祠和毛泽东父母墓地等。

毛泽东同志故居外景

◎ 中国出了个毛泽东

纪念馆的基本陈列"中国出了个毛泽东"分为十大部分，第一部分为"立志救国救民"，第二部分为"参与建党和领导工农运动"，第三部分为"开辟中国革命新道路"，第四部分为"争取人民抗日战争的伟大胜利"，第五部分为"实现马克思主义中国化的第一次飞跃"，第六部分为"夺取解放战争的胜利"，第七部分为"创建中华人民共和国"，第八部分为"确立社会主义基本制度"，第九部分为"探索中国社会主义建设道路"，第十部分为"为社会主义现代化建设奠定基础"。整个陈列反映了毛泽东在中国革命和社会主义建设中的历史地位、丰功伟绩和崇高的人格风范，科学、准确且生动。

除了基本陈列，纪念馆还设有"风范长存——毛泽东遗物展""大笔乾坤——毛主席诗文书法""英烈忠魂——毛主席一家六烈士""永远的缅怀"等专题展区。

刘少奇同志纪念馆

坐标：湖南省长沙市
博物馆等级：国家一级
荣誉：国家 AAAAA 级旅游景区
　　　全国爱国主义教育示范基地
　　　全国廉政教育基地
　　　全国中小学生研学实践教育基地
　　　全国关心下一代党史国史教育基地

刘少奇同志是伟大的无产阶级革命家、政治家和理论家，其纪念馆建设在花明楼景区。景区内清泉叮咚，山峦秀丽，南宋著名的文学家、爱国诗人陆游曾在这里写下脍炙人口的诗句："山重水复疑无路，柳暗花明又一村。"

◎ 人杰地灵花明楼

　　刘少奇同志纪念馆（刘少奇故里管理局）管理着风景秀丽的刘少奇故里花明楼景区，景区总占地面积约 87 万平方米。景区内不仅有刘少奇同志故居，还有与刘少奇同志相关的纪念场馆，如刘少奇故里门楼广场、铜像广场等。除此之外，景区内还有人文氛围浓厚的旅游景观，主要包括花明楼、修养亭、万德鼎、刘少奇坐过的飞机、一叶湖、柳叶湖、安湖塘山水太极图、炭子冲民俗文化村等。

　　刘少奇同志故居坐东朝西，是带有浓郁的江南建筑特色的两进四合大院，土木结构呈对称形。故居共有房屋 21.5 间，依山傍水，周围高大的树木直冲云霄。在刘少奇同志诞辰 90 周年时，刘少奇同志铜像落成。铜像高 3 米，底座高 4.1 米，再现了刘少奇

1. 花明楼
2. 刘少奇故里灶台

"刘少奇故里"牌楼

同志为党和国家奔波而风尘仆仆的光辉形象。铜像矗立的广场占地面积8000多平方米，视野开阔，四周群山绵延，辽阔深远。

◎ 人民爱戴的共和国主席

纪念馆的基本陈列"共和国主席刘少奇"，展线长497米，以刘少奇同志的生平为主要线索，结合专题展示，表现了刘少奇同志光辉而伟大的一生。整个陈列共分9个部分：第一部分，走上革命道路；第二部分，工人运动的著名领袖；第三部分，党的正确路线在白区工作中的代表；第四部分，华北、华中抗日根据地的主要创建者；第五部分，在党中央领导岗位上；第六部分，参与创立新中国的政治经济制度；第七部分，探索适合中国国情的建设道路；第八部分，党内公认的党建理论家；第九部分，人民爱戴的共和国主席。

孙中山故居纪念馆

——守护历史文化，守护记忆

坐标：广东省中山市
博物馆等级：国家一级
荣誉：国家 AAAAA 级旅游景区
全国爱国主义教育示范基地
全国红色旅游经典景区
全国中小学生研学实践教育基地

孙中山铜像

伟大的民族英雄、伟大的爱国主义者、中国民主革命的伟大先驱孙中山先生诞生在翠亨村，孙中山故居纪念馆也坐落在这座小山村。这是一个三面环山的小山村，村子里的房舍绝大部分坐西向东，且以传统青砖墙、灰瓦、硬山顶建筑为主，高低不同，错落有致。

◎ 兼容并包，人文荟萃

孙中山故居纪念馆三面环山，一面濒临珠江口，隔珠江口与香港特别行政区相望。纪念馆将"孙中山及其成长的社会环境"作为展示体系的主题，将物质文化遗产与非物

孙中山故居纪念馆外景

质文化遗产相结合，以中国历史文化名村——翠亨村为依托，不仅具有历史纪念性，还兼顾了民俗性。除了孙中山故居，孙中山故居纪念馆还管理着翠亨村、杨殷故居、陆皓东故居以及翠亨村周围20多处文物保护单位。纪念馆包括七大展示区，分别为孙中山纪念展示区，翠亨民居展示区，农耕文化展示区，杨殷陆皓东纪念展示区，非物质文化遗产展示区，辛亥革命纪念公园，翠亨村。

◎ 孙中山故居

纪念馆设有孙中山故居原状陈列，"孙中山亲属与后裔"陈列，"孙中山生平史绩"陈列，"翠亨民居与民俗"陈列，"中山市非物质文化遗产"陈列等基本陈列；另外，纪念馆还设有"用生命捍卫信仰——杨殷烈士纪念展览""杨鹤龄纪念展""陆皓东烈士生平纪念展""翠亨'杨家将'——抗日烈士杨日韶、杨日暲及其家庭""廉洁修身，廉洁齐家——孙中山家风"等专题展览。

孙中山故居坐东向西，占地面积500平方米，建筑面积340平方米，目前的主楼陈设复原的是1892—1895年孙中山先生经常在这里居住时的情景。故居的主楼是一座2层小楼，1892年，孙中山先生的大哥孙眉从檀香山汇款回来，孙中山先生设计和主持修建了这幢砖木结构的楼房。这幢楼房与村中其他民居不同，融合了中西方建筑的特色，不仅门多、窗多，还有回环连通的特点。

焦裕禄同志纪念馆

坐标：河南省开封市
博物馆等级：国家二级
荣誉：国家 AAAA 级旅游景区
全国中小学爱国主义教育基地
百个爱国主义教育示范基地之一
全国廉政教育基地

在九曲黄河的最后一道弯里，有一座小县城，名叫兰考。当年焦裕禄同志亲手栽种的小树苗，已经长成了参天的"焦桐"。而焦裕禄如丰碑一般永远矗立在兰考人民的心中，永不褪色。

◎ 革命丰碑永远矗立

焦裕禄同志纪念馆位于焦裕禄纪念园内。纪念园占地面积约 6.1 万平方米，包括革命烈士纪念碑、焦裕禄烈士墓、焦裕禄同志纪念馆和焦桐林等。纪念园内桐花绽放，松青柏翠，风景优美。革命烈士纪念碑矗立在纪念园南部中心。为了纪念焦裕禄同志于 1964 年逝世，纪念碑高度被设计成 19.64 米。碑身的正面镌刻的是毛泽东的题词"革命烈士永垂不朽"，底座的四面镌刻有"访贫问苦""查三害""解放兰考""碑记"。焦裕禄烈士墓碑在纪念碑的北侧，碑高 2.75 米，墓后的纪念壁上镶嵌着毛泽东的题词"为人民而死，虽死犹荣"。

1. 焦裕禄烈士之墓
2. 焦裕禄同志纪念馆外景

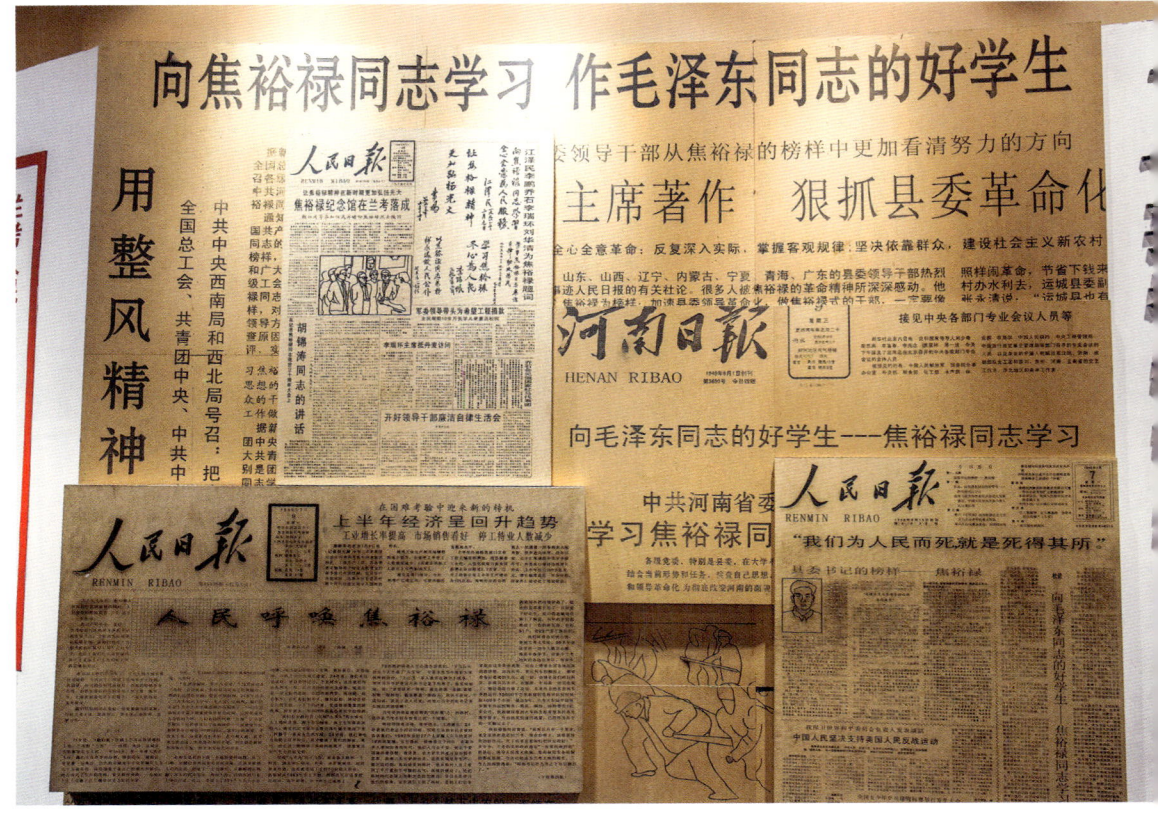

焦裕禄事迹报道

◎ 心系百姓的光荣一生

　　焦裕禄同志纪念馆的建筑面积为2100平方米，正门前设有焦裕禄事迹群雕，群雕生动形象地展示了焦裕禄同志心系百姓、根治"三害"的革命精神。纪念馆内包括序厅、展览厅、贵宾室和放映厅等部分。走进序厅，迎面看到的是一尊焦裕禄半身铜像；铜像两侧展示的是当年焦裕禄带领群众奋力耕耘、艰苦劳作的场面。走入展览厅，1300平方米的展厅内详细地展示了焦裕禄同志全心全意为人民服务的一生。除了前言、序篇，展览被分为5个部分，分别为"神州赤子""临危受命""执政为民""干部楷模""今日兰考"。

邓小平故居陈列馆

坐标：四川省广安市
博物馆等级：国家一级
荣誉：国家 AAAAA 级旅游景区
　　　全国爱国主义教育示范基地
　　　全国廉政教育基地

邓小平用过的印章

在四川省广安市广安区协兴镇牌坊村，有一座名为"邓家老院子"的农家三合院，这便是邓小平故居陈列馆所在地。整个院落粉墙黛瓦，有着浓郁的川东风情，院内绿竹成林，树木枝繁叶茂。1904 年 8 月 22 日，邓小平就出生于此。

◎ "三落三起"的不平凡

邓小平故居陈列馆是国内唯一一家以纪念邓小平光辉一生为专题的陈列馆。陈列馆的建筑把川东民居的风格与现代建筑的风格相结合，整体风格简朴素雅，右侧设计的 3 个斜坡屋面起伏跌宕、错落有致，

邓小平同志故居

象征着邓小平"三落三起"的传奇人生。

◎ 一生为了中国人民

陈列馆建筑面积3800平方米，由序厅、3个陈列展厅、电影放映厅及相关附属设施组成，共展出珍贵文物170件、文献资料200余件、图片408幅、复原场景4个。进入序厅，厅内展示的是邓小平肖像圆雕和一幅浮雕壁画，象征着邓小平从宏伟的历史画卷中大步走来。序厅左侧的墙壁上面刻有邓小平的名言："我是中国人民的儿子，我深情地爱着我的祖国和人民。"右侧的墙壁上面镌刻的文字是："中国社会主义改革开放和现代化建设的总设计师。他为中华民族独立、人民解放和新中国诞生，立下赫赫战功。他为中国社会主义制度的建立、巩固和发展，进行艰辛探索。他为成功开辟中国特色社会主义的道路，建立不朽功勋。"这段简洁明了的话精准地总结了邓小平的一生。展厅内的展览共分为6个单元，分别为"走出广安""戎马生涯""艰辛探索""非常岁月""开创伟业""你好，小平"。每个单元的开篇都有一段邓小平说过的话，朴实而生动地概述邓小平在这一时期的经历。

成都杜甫草堂博物馆

——浣花溪畔，诗圣与诗史

坐标：四川省成都市
博物馆等级：国家一级
荣誉：国家 AAAA 级旅游景区
　　　全国重点文物保护单位
　　　全国古籍重点保护单位
　　　中国诗歌文化中心

醉 别复几日，登临遍池台。何时石门路，重有金樽开。秋波落泗水，海色明徂徕。飞蓬各自远，且尽手中杯。

——［唐］李白《鲁郡东石门送杜二甫》

◎ 古典园林，田园风貌

　　成都杜甫草堂博物馆位于浣花溪畔，占地面积近 20 万平方米，是唐代著名诗人杜甫在成都的故居。杜甫先后在这里居住了近 4 年，创作了 240 余首诗。成都杜甫草堂博物馆是中国的古典文化圣地，是中国规模最大、保存最完好、知名度最高且最具特色的杜甫行踪遗迹地。

　　如今，杜甫草堂的建筑格局完整地保留了明代和清代修葺扩建后的特点，建筑古典雅致，园林曲径通幽，竹林掩映，小桥流水，清丽秀美。在中轴线上，鳞齐地排列着照壁、正门、大廨、诗史堂、柴门、工部祠，建筑两侧是对称的回廊与其他建筑。其中，工部祠东侧"少陵草堂"碑亭是杜甫草堂标志性建筑。

$\frac{1}{2}$ 1. 笔洗、瓷拍鼓、陶珠
2. 杜甫雕塑

成都杜甫草堂博物馆入口

◎ 身处乱世，心系天下

杜甫被后人尊称为"诗圣"，他的诗歌被誉为"诗史"，"诗史堂"由此而来。作为主体建筑的诗史堂内陈列有杜甫留下的1400多首诗歌。杜甫经历过"安史之乱"，其诗歌真实而生动地展现了当时混乱动荡的社会生活，特色鲜明地反映了唐朝由盛而衰的历史。2002年为纪念杜甫诞生1290周年，博物馆引用了朱德同志为草堂题写的对联"草堂留后世，诗圣著千秋"，推出了精品陈列"诗圣著千秋"。陈列分成两部分，上篇展示杜甫一生的苦难经历，下篇着重介绍杜甫如何苦心经营草堂。

唐代遗址陈列馆展示了2001年在草堂内出土的唐代生活遗址和文物，极大地增强了草堂的历史厚重感。"杜诗书法木刻廊"陈列着有"四绝"之称的100多件杜诗书法木刻作品。

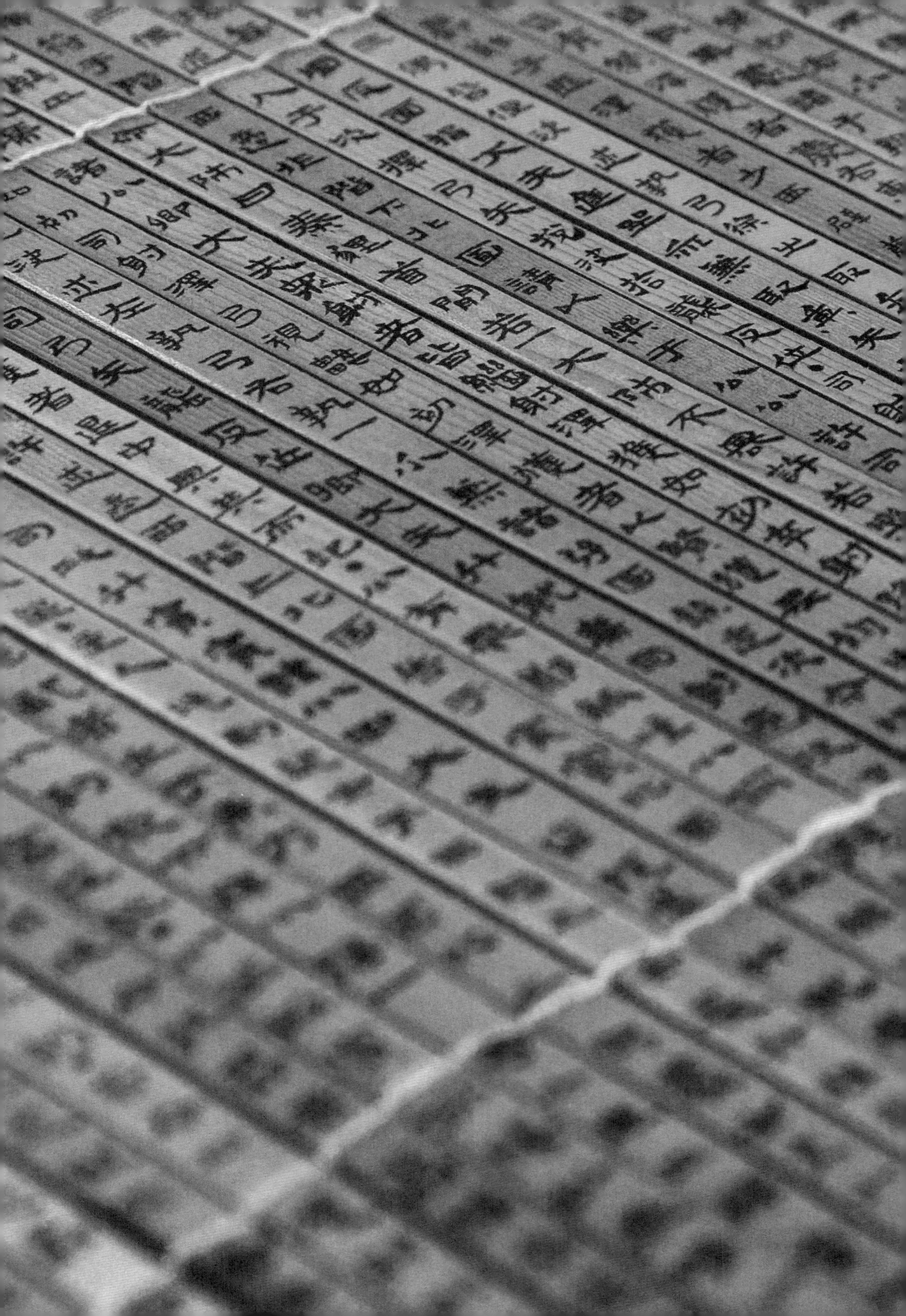

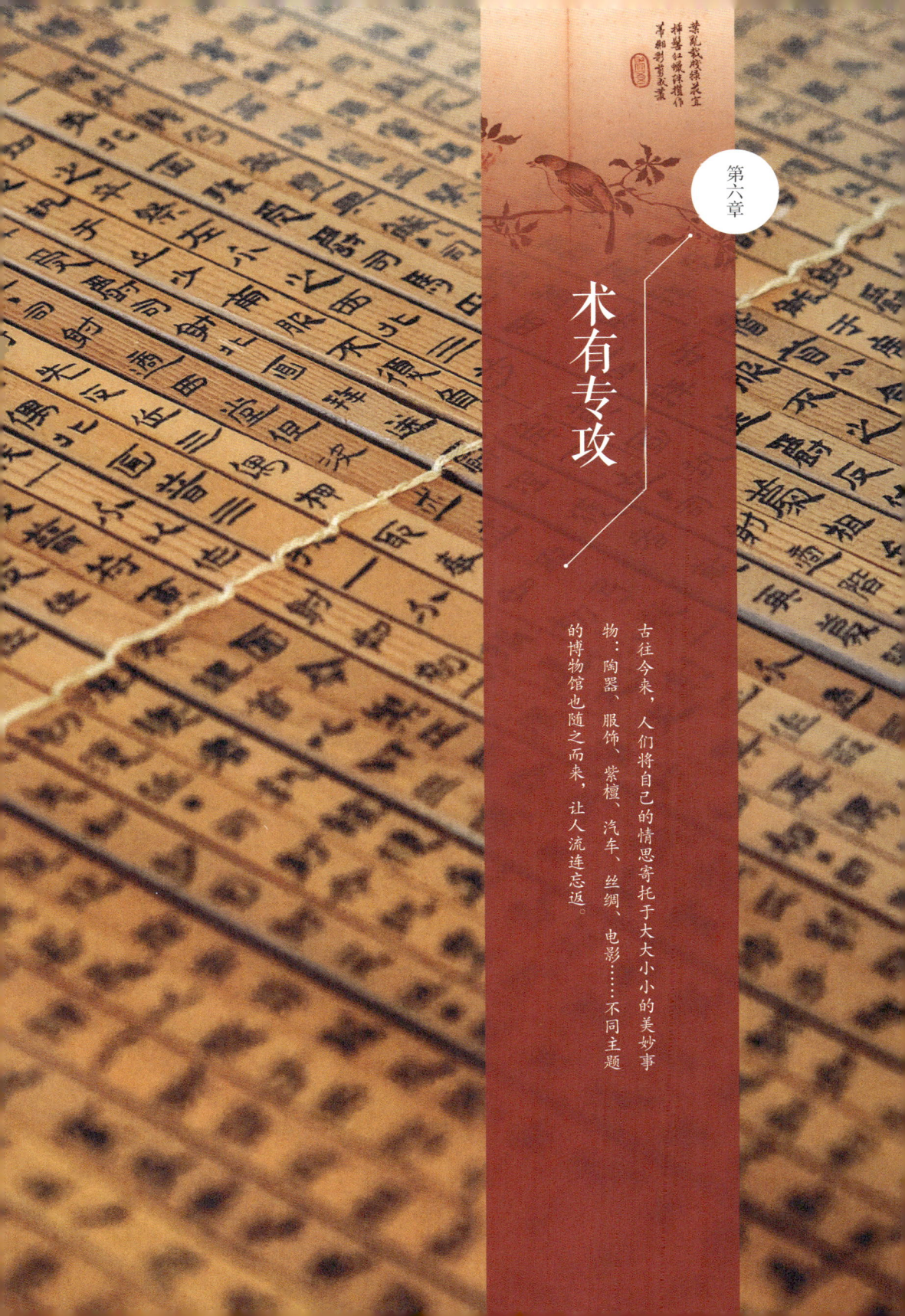

第六章

术有专攻

古往今来，人们将自己的情思寄托于大大小小的美妙事物：陶器、服饰、紫檀、汽车、丝绸、电影……不同主题的博物馆也随之而来，让人流连忘返。

中国煤炭博物馆
——煤炭大省的文化底蕴

坐标：山西省太原市
博物馆等级：国家一级
荣誉：国家 AAAA 级旅游景区
　　　国家级煤炭行业博物馆
　　　全国研学旅游示范基地
　　　全国中小学生研学实践教育基地

矿山手提信号灯

> "孟门之山，其上多苍玉，多金，其下多黄垩，多涅石。"这段话出自《山海经·北山经》，是关于山西省煤炭资源的最早记载。山西有着丰富的煤炭资源，而位于山西省太原市迎泽西大街的中国煤炭博物馆（以下简称"中煤博"）是全国唯一一家国家级煤炭行业博物馆。

◎ 再现中国煤炭文化与历史

中煤博收藏并展示的藏品包括煤种标本、化石标本、岩矿标本、煤精制品、书画珍藏、英模铜像、矿山文物等，是传承煤炭历史、守望煤炭文明、传播煤炭文化、弘扬煤炭精

模拟矿井：手工采矿区矿工采煤

神的重要场所。中煤博基本陈列总体规划为"七馆一井"，分别为煤的生成馆、煤炭与人类馆、煤炭开发技术馆、当代中国煤炭工业馆、煤炭艺术馆、煤炭文献馆、中外交流馆和模拟矿井。

◎ 镇馆之宝"模拟矿井"

在"七馆一井"的基本陈列中，"模拟矿井"是中煤博镇馆之宝，被评为山西十大镇馆之宝。这座模拟矿井的规模居亚洲首位，占地面积3200平方米，展线长800米。模拟矿井设计的主要线索是中国煤炭开发历史和开采技术、劳动工具的发展，展示有大量实物原型或按照1∶1的比例复制的物品。井内主要有古代煤窑、运输大巷、近代煤巷、炮采工作面、地质隧道、机械化掘进工作面、影视播放区、机械化采煤二作面等8个景观。除此之外，煤的生成馆展示了多种化石、标本和地质史料，还还原了亿万年前的侏罗纪森林景观。煤炭与人类馆设有5个专题，分别为古代煤炭开发利用、煤炭与近代工业革命、煤炭与现代生活、煤炭开发技术进步、煤炭与未来世界。

中国丝绸博物馆

——弘扬古蚕绢文化，开拓新丝绸之路

坐标：浙江省杭州市
博物馆等级：国家一级
荣誉：中国最大的纺织服装类专业博物馆
　　　　世界最大的丝绸专业博物馆

传说黄帝的妻子嫘祖发明了"养蚕取丝"。作为中国特产的丝绸何时被发明尚存争议，但是这一发明却开启了丝绸之路。如果想要了解中国五千年的丝绸历史及文化，便去杭州西湖边吧，那里有世界最大的丝绸专业博物馆——中国丝绸博物馆。

◎ 江南风光，丝绸风情

中国丝绸博物馆是国家一级博物馆，占地面积约4.2万平方米，建筑面积约2.3万平方米，博物馆内环境优美雅致，建筑风格柔和秀美，一派江南秀丽风光。博物馆从数千年前的人们养蚕取丝说起，不仅讲述了丝绸的起源与发展，还讲述了丝绸之路和丝绸在古代社会的重要地位等。

◎ 五千年的丝绸发展史

博物馆收藏着自新石器时代以来历朝历代与丝绸有关的历史文物，蔚为大观。不仅

1. 纺织场景雕塑
2. 丝绸衣物展示
3. 绣法展示

有在丝绸之路沿途出土的汉唐织物，还有江南地区的宋代服饰，以及明清时期勺官机产品等。除了藏品，博物馆的基本陈列包括序厅、历史文物厅、蚕丝厅、染织厅、现代成就厅等。其中，序厅中央是所知最早的提花机模型——宋代提花织机模型，左侧墙壁上是丝绸年表，右侧墙壁上为丝绸之路的展示图。再往里的历史文物厅按照时代顺序分成了两大部分，分别展示了从新石器时代到宋辽元时期丝绸发展的历史，以及明清丝绸皇家传世珍品及考古出土实物。染织厅设置在博物馆中的一座带有浓郁民族风情的建筑中，展示了各种类型的传统织机，如卧机、丁桥织机、傣锦机、和田机、竹笼机和绫绢机等。

广东民间工艺博物馆

——岭南明珠，工艺大成

坐标：广东省广州市
博物馆等级：国家一级
荣誉：国家AAAA级旅游景区
全国重点文物保护单位
广州市爱国主义教育基地
广州市党员教育基地

木雕、石雕、砖雕、陶塑、彩绘……各式各样的民间工艺品陈列在大厅中，不仅展现着岭南人民的高超技艺，还体现了源远流长的岭南工艺文化。这里便是以陈家祠为馆址、已经有60多年建馆历史的广东民间工艺博物馆。

◎ 岭南建筑艺术的明珠

广东民间工艺博物馆的馆址设在陈氏书院（俗称陈家祠）内。陈氏书院落成于清光绪十九年（1893年），如今已经有近130年的历史，为全国重点文物保护单位，被誉为"岭南建筑艺术的明珠"。它是一座祠堂式建筑，为中国现存规模最大、保存最完好、装饰最精美的清代建筑。郭沫若先生曾经这样称赞它："天工人可代，人工天不如。果然造世界，胜读十年书。"陈家祠将岭南地区的多种建筑装饰工艺融于一身，题材广泛，色彩丰富，技艺精湛，不仅有木雕、砖雕、石雕，还有陶塑、灰塑、铜铁铸和彩绘等。其中，陈家祠精湛的建筑装饰艺术闻名遐迩，大量采用了吉祥图案、神话传说和历史故事中的形象，如和合二仙（陶塑）、福禄寿（灰塑）、拳打镇关西（木雕）、

1	
2	3

1. 陈氏书院
2. 百"寿"字的器皿
3. 通花铁铸栏板

三打祝家庄（木雕）等，不仅表达了人们对平安、吉祥的渴望，也充满浓郁的民间文化气息。

◎ 集岭南百艺之大成

广东民间工艺博物馆收藏了2万多件（套）文物与现代工艺精品，藏品涵盖了广东省所有已列入国家级非物质文化遗产名录的工艺门类，主要包括彩瓷、漆器、潮州刺绣、木雕、枫溪瓷器、广东剪纸、广东石雕、广彩、广绣、黑瓷白瓷、珐琅、麦秸贴画、墨、青瓷、石湾陶、铜镜、蚀花玻璃等。博物馆的常设展览包括"岭南传统建筑装饰艺术展""岭南民间百艺展""广州旧家居展""民间工艺展演"等。

1. 精美木雕
2. 精美砖雕

云南民族博物馆
——保护、弘扬民族文化

坐标：云南省昆明市
博物馆等级：国家一级
荣誉：全国科普教育基地
　　　　民族团结进步教育基地
　　　　全国青少年教育基地

云南省在中国西南部，面积39.4万平方千米，常住人口4858.3万，少数民族约占全省人口的1/3，有彝族、哈尼族、白族、傣族、苗族等25个民族，是中国少数民族最多的省。云南也因此有了绚丽多姿的少数民族文化，有了中国规模最大的民族类博物馆——云南民族博物馆。

◎ 个性鲜明的民族文物

云南民族博物馆坐落在昆明市滇池国家旅游度假区内，占地面积13.53万平方米，展区建筑面积3万平方米，建筑群整体呈庭院回廊风格。博物馆内珍藏具有一定历史、科学、艺术价值的民族文物4万余件（套），生动地反映了云南少数民族传统文化丰富多彩、个性鲜明的特点。这些文物包括云南各族服饰、纺织机具、工艺品、乐器、生活器具、宗教用品、生产工具、文字古籍等，其中民族服饰类文物是中国品类最齐全的。

1. 云南民族博物馆外景
2. 傣族银錾花槟榔盒
3. 纳西族的牛角龙头号角

◎ 多民族文化发展的示范地

博物馆的基本陈列包括民族服饰与制作工艺、民族文字古籍、传统生产生活技术、民族乐器、民族民间面具、民族民间瓦当、民族民间美术、民族民间陶艺等。2019年，为了向祖国70华诞献礼，博物馆特设了"铸牢中华民族共同体意识 建设全国民族团结进步示范区——中国特色解决民族问题正确道路的云南实践"专题展览。展览包括5个部分：习近平总书记的亲切关怀、云南民族工作的光辉历程、云南民族工作的生动实践、云南民族工作的经验启示、谱写云南民族工作新篇章，详细、全面、形象地展现了云南民族工作，这是全国首次全面展示云南民族工作70年的经验与成就。

泉州海外交通史博物馆

坐标：福建省泉州市
博物馆等级：国家一级
荣誉：全国爱国主义教育示范基地
　　　　全国青少年科技教育基地

在宋元时期，泉州就已经成为我国最大的外贸港口，马可·波罗称其为"刺桐城"；明朝时，郑和从这里出发，7次下西洋，开创了人类航海历史上的伟大壮举。如今，我们走进泉州海外交通史博物馆，去探寻海上丝绸之路的历史盛况。

◎ 航海历史迈入博物馆行列

　　泉州海外交通史博物馆（以下简称"泉州海交馆"）已经走过了风风雨雨的60多个春秋，其旧馆坐落在我国著名的佛教寺院泉州开元寺院内，东湖街的新馆于1991年建成，新、旧馆总占地面积3.5万平方米，建筑面积1.73万

明清时期的泉州基督教石刻

泉州湾宋代远洋木帆货船

平方米，陈列面积 1.1 万平方米。它以反映古代海外交通、海上丝绸之路以及由这些活动生发出来的经济、文化交流为主题，在人们面前展开了一幅中国人征服海洋的壮阔画卷。泉州海交馆以泉州港的历史为中心线，通过丰富独特的海交文物，展示了中国久远辉煌的海洋文化。

◎ 赴一场海外交通民俗文化之旅

博物馆设有6个固定陈列，分别为"刺桐——古泉州的故事""泉州湾古船陈列馆""泉州宗教石刻馆""中国舟船世界""阿拉伯-波斯人在泉州陈列馆""庄亨岱藏品馆"。其中，"刺桐——古泉州的故事"展示了从产生至鼎盛的古泉州历史，主要包括序厅和"向海而生""东方大港""多元荟萃""守护遗产"4个部分；"泉州湾古船陈列馆"收藏着一艘多桅、多舱、多层板的福船型远洋木帆货船，这艘船建造于700多年前的南宋，是目前为止世界上发现年代最早、规模最大的木帆船。

安徽中国徽州文化博物馆

——传统中华文化的精彩缩影

坐标：安徽省黄山市
博物馆等级：国家一级
荣誉：全国重点古籍保护单位

执着而专注的徽商爱国、敬业、勤俭、奉献，演绎了"无徽不成镇"的传奇；徽派建筑风格独特，是中国传统建筑中最重要的流派之一，民居、祠堂和牌坊被称为徽州古代建筑的"三绝"；徽墨已经有千年历史，歙砚与洮河砚、端砚、澄泥砚并称中国四大名砚……古老的徽州文化穿越时空，在中国徽州文化博物馆静待你来观赏。

◎ 天人合一的建筑外形

安徽中国徽州文化博物馆是全国唯一全面展示徽州文化的博物馆，建筑面积1.4万平方米，展出面积6000平方米，馆藏文物10万余件，特色藏品包括徽墨、歙砚、新安书画、徽州文献、徽州三雕等。博物馆的建筑将徽州文化作为基本内容，以徽州地理山水为背景，以徽州建筑风格为基调，讲求天人合一的建筑理念。博物馆视野开阔，高低起伏，错落有致，人文景观与自然景观相映成趣。

明代十一人祖容像

1. 古籍善本
2. 徽墨颐和园四十六景

◎ 独立而卓然的徽州文化

安徽中国徽州文化博物馆的基本陈列为"徽州人与徽州文化",分6个部分,分别是"走进徽州""天下徽商""礼仪徽州""徽州建筑""徽州艺术""徽州科技",特色鲜明地展示了徽州的山水秀丽、人杰地灵、商贾富裕、文风兴盛、民风淳朴。其中,"走进徽州"的展示内容包括"新安大好山水""徽州与徽州人";"天下徽商"的展示内容为"明清徽商""徽州女人";"礼仪徽州"的展示内容为"东南邹鲁""程朱阙里""徽州宗族";"徽州建筑"的展示内容包括"徽派篆刻""徽州村落""徽州民居""徽州三雕"。

中山舰博物馆

—— 一代名舰的峥嵘岁月

坐标：湖北省武汉市
博物馆等级：国家一级
荣誉：国家国防教育示范基地
　　　湖北省爱国主义教育基地

长方形壁挂灯

在中国近现代历史上，有一艘著名的军舰，它不仅经历过曲折的航程，更创下了不可磨灭的功绩，这便是以孙中山先生的名字命名的一代名舰——中山舰。

◎ 于伤痕处纪念

1938年10月24日，中山舰在抗击日军的战斗中被日军飞机炸沉于长江金口水域。武汉市中山舰博物馆就位于中山舰当年被炸沉的地方——武汉市江夏区金口镇，建筑面积1.1万平方米。1997年，中山舰被整体打捞出水，随之出水的还包括近5000件文物，经过精选后展出的文物有近200件（套），包括铭

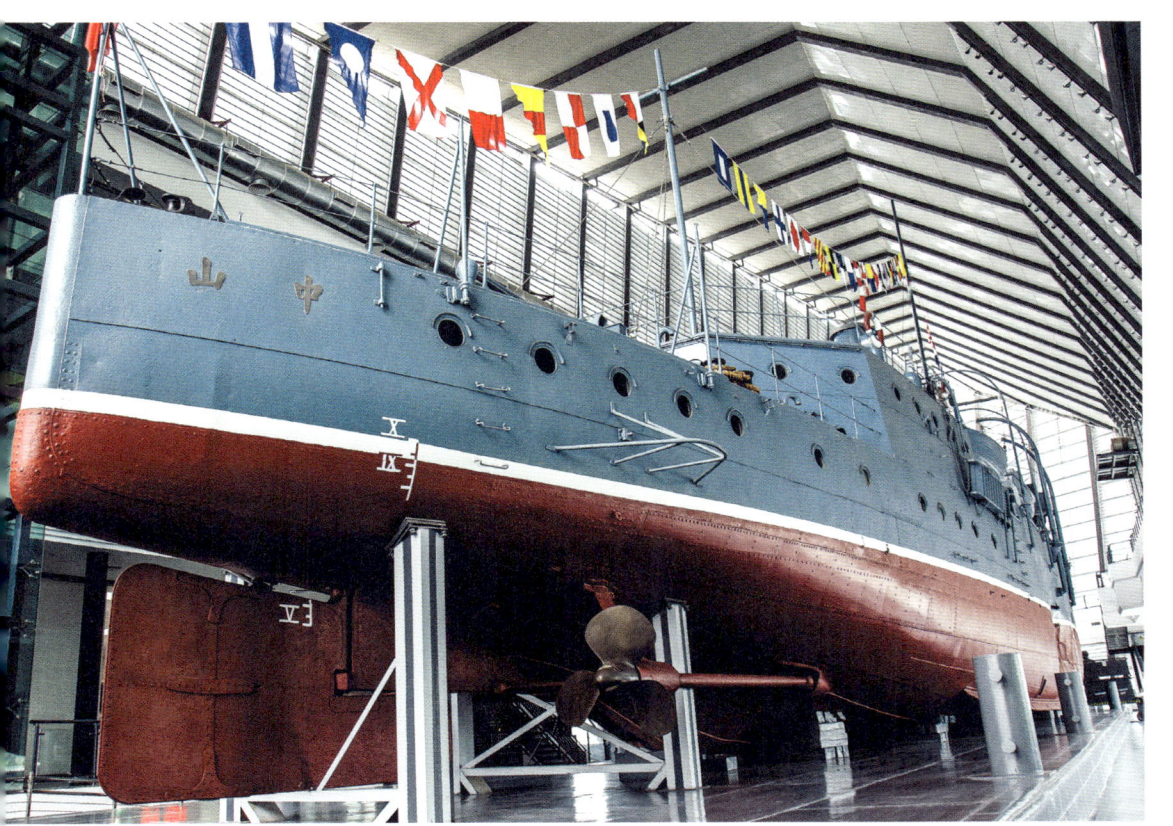

中山舰

牌标志、舰载设施、生活用品、武器装备四大类，组成"出土文物精品陈列"。这些文物从多个角度反映了永丰舰（1912—1925年）至中山舰（1925—1938年）各个历史时期的社会活动，也反映了中山舰上的官兵们的精神面貌。

◎ 传奇经历，见证历史

除了"出土文物精品陈列"，博物馆还设有两大陈列：其一为"中山舰史迹陈列"，主要包括三大部分，第一部分展示的是中山舰诞生的历史背景，第二部分介绍了中山舰的风雨历程，第三部分展示了中山舰的修复、迁移和博物馆的建设；其二为"中山舰舰体陈列"，依据史料，按照1925年的中山舰原貌复原的中山舰舰体陈列在大厅中，周围展出的内容包括中山舰被整体打捞、修复、迁移的过程以及中山舰大事记等。

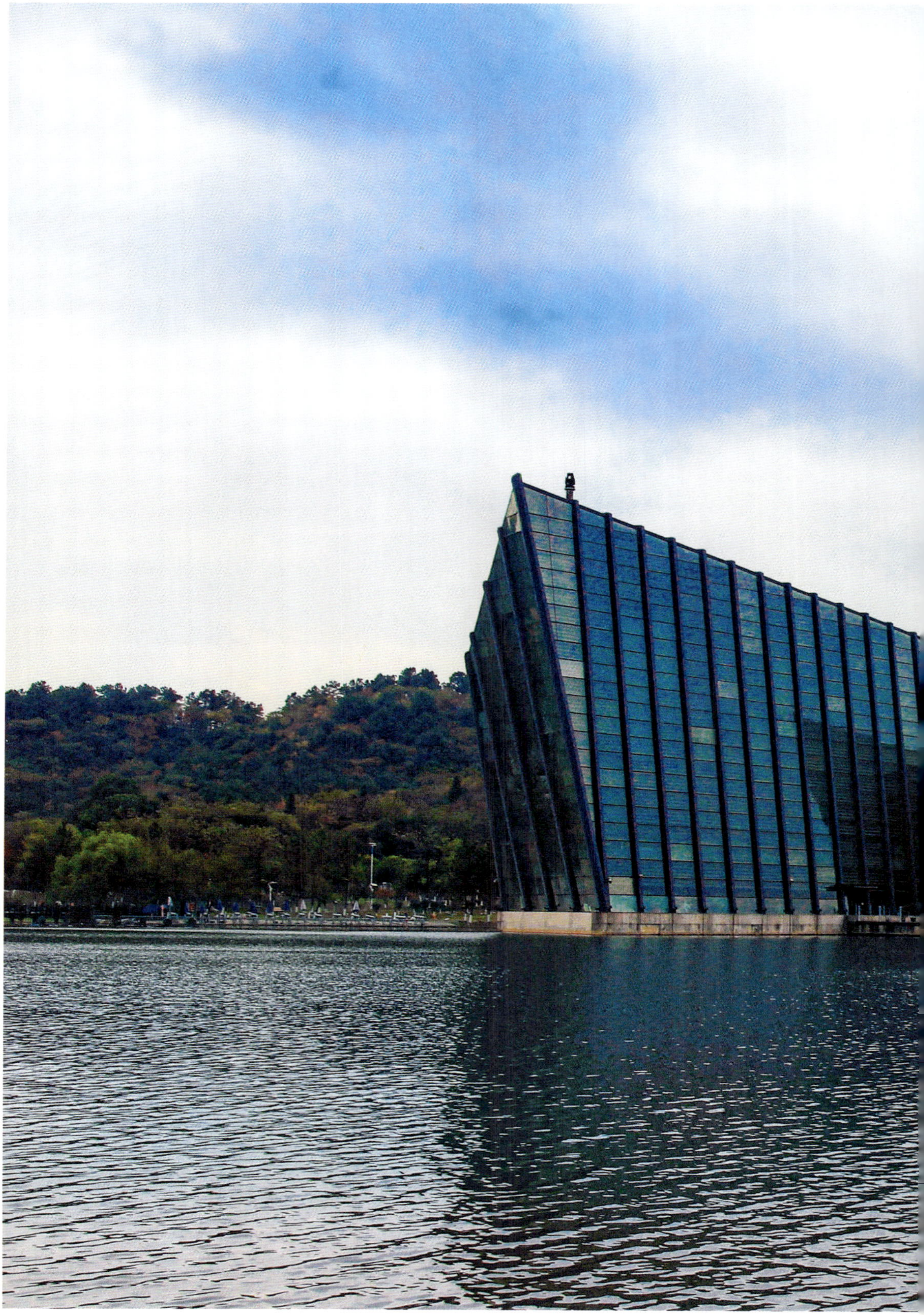

中山舰博物馆外景

中国闽台缘博物馆

——龙的传人，同根而生

坐标：福建省泉州市
博物馆等级：国家一级
荣誉：全国爱国主义教育示范基地
全国青少年教育基地
海峡两岸交流基地

在国家级风景区清源山以南，风景秀丽的西湖以北，历史文化名城泉州市区的西北侧，有一座国家级专题博物馆——中国闽台缘博物馆。博物馆主体建筑的入口处有一幅高18米、宽9米的火药爆绘壁画，演绎了海峡两岸亘古不变而又历久弥新的文化主题：同文，同种，同根生。

◎ 天圆地方，出砖入石

中国闽台缘博物馆主体建筑面积约2.3万平方米，展厅总面积7355平方米。博物馆的主体建筑采用的是"天圆地方"的设计理念，采用了闽台两地的传统建筑工艺——"出砖入石"。外部红白颜色和谐共生，浑然天成，反映了海峡两岸的人文精神与地域特色。馆外的景观广场包括馆名卧碑、倒影池、音乐喷泉、九龙柱、七彩灯柱等，将极具闽台建筑特色的红色作为基础色调。特制红砖与白色的天然石板材间隔排列，形成醒目的图案，与主体建筑融为一体。

二十四孝图

◎ 源远流长的闽台缘

　　博物馆的基本陈列为"闽台缘",主要包括七大部分:第一部分,远古家园;第二部分,血脉相亲;第三部分,隶属与共;第四部分,开发同功;第五部分,文脉相承;第六部分,诸神同祀;第七部分,风俗相通。其中,第三部分"隶属与共"充分表明了台湾自古是中国不可分割的领土,历代中央政府一直对台湾行使管辖权,台湾在历史上长期隶属福建省。直到清光绪十三年(1887年),台湾才正式建省,与福建分省治理。两地军民从15世纪开始,就共同抵御外来侵略,用鲜血和生命捍卫家园。而"乡土闽台"专题展则通过展示闽台人民在春、夏、秋、冬四季时遵循的一脉相承的节日、礼仪、风习、信仰等,反映了两地人民承载的相同的文化印记。

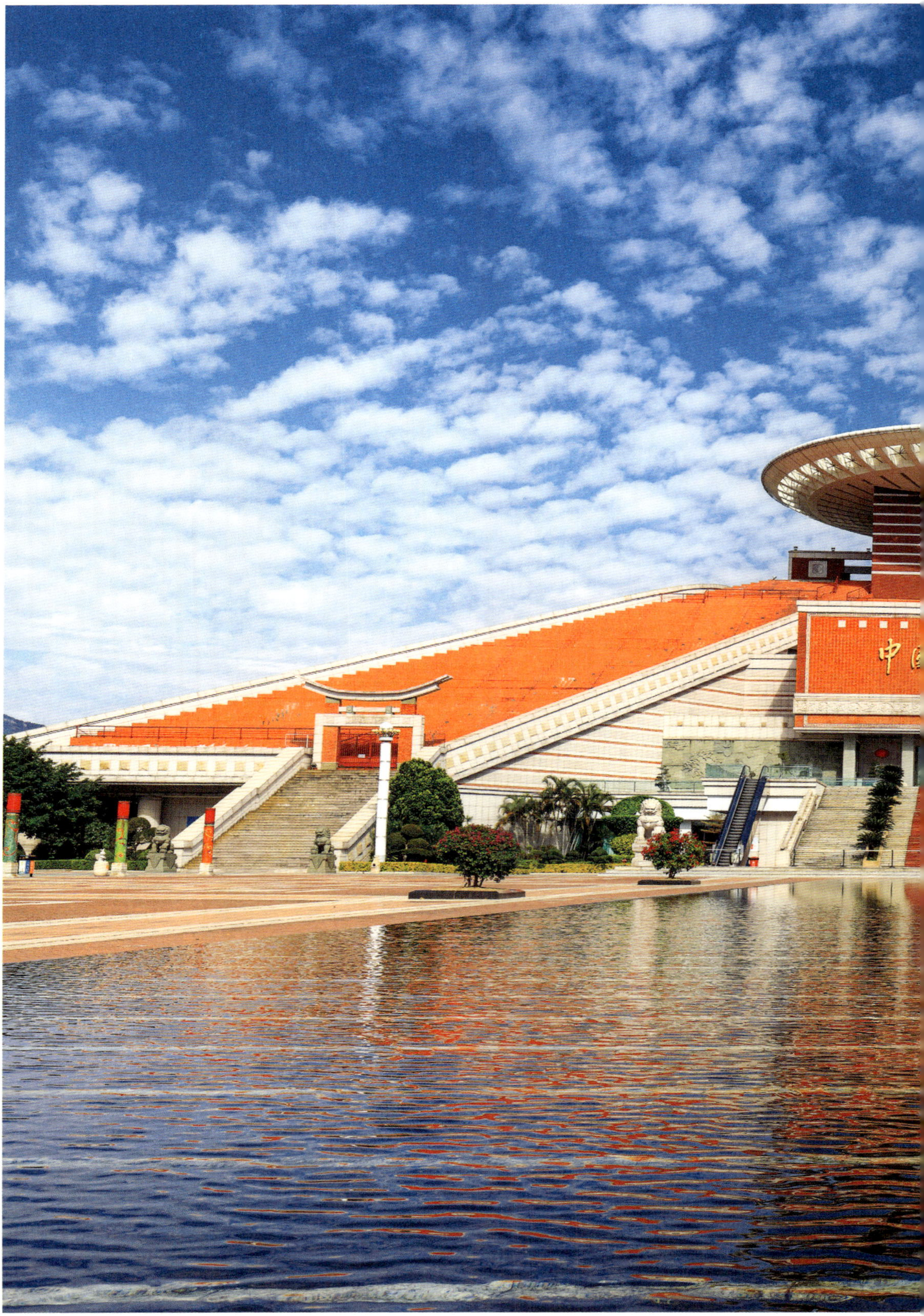

中国闽台缘博物馆外景

1. 闽南人民生活场景雕塑
2. "闽台缘"展厅——"隶属与共"展品

长沙简牍博物馆

——跨越千年，记录中华文明

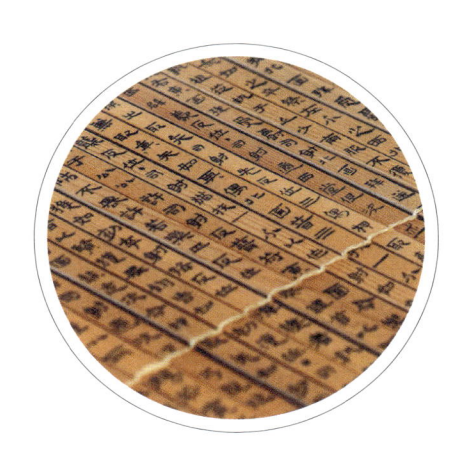

坐标： 湖南省长沙市
博物馆等级： 国家一级
荣誉： 全国社会科学普及教育基地

在纸张普及之前，人们将文字写在竹片或木片上，因此简牍成了古代中国十分重要的文化载体。自1952年至今，湖湘大地已陆续出土竹简木牍近20万枚，而长沙是中国目前为止出土简牍最多的城市。这些简牍跨越千年，记载着中华文明的灿烂与辉煌。

三灵蒲纹玉璧

◎ 简牍的世界

长沙简牍博物馆的主要职能为简牍收藏、保护、整理、研究和陈列，是一座现代化的专题博物馆。全馆占地面积约2万平方米，主体建筑面积1.41万平方米，绿化广场面积8000多平方米。博物馆的建筑为中国现代园林建筑风格，采用钢筋混凝土框架—剪力墙结构、天井

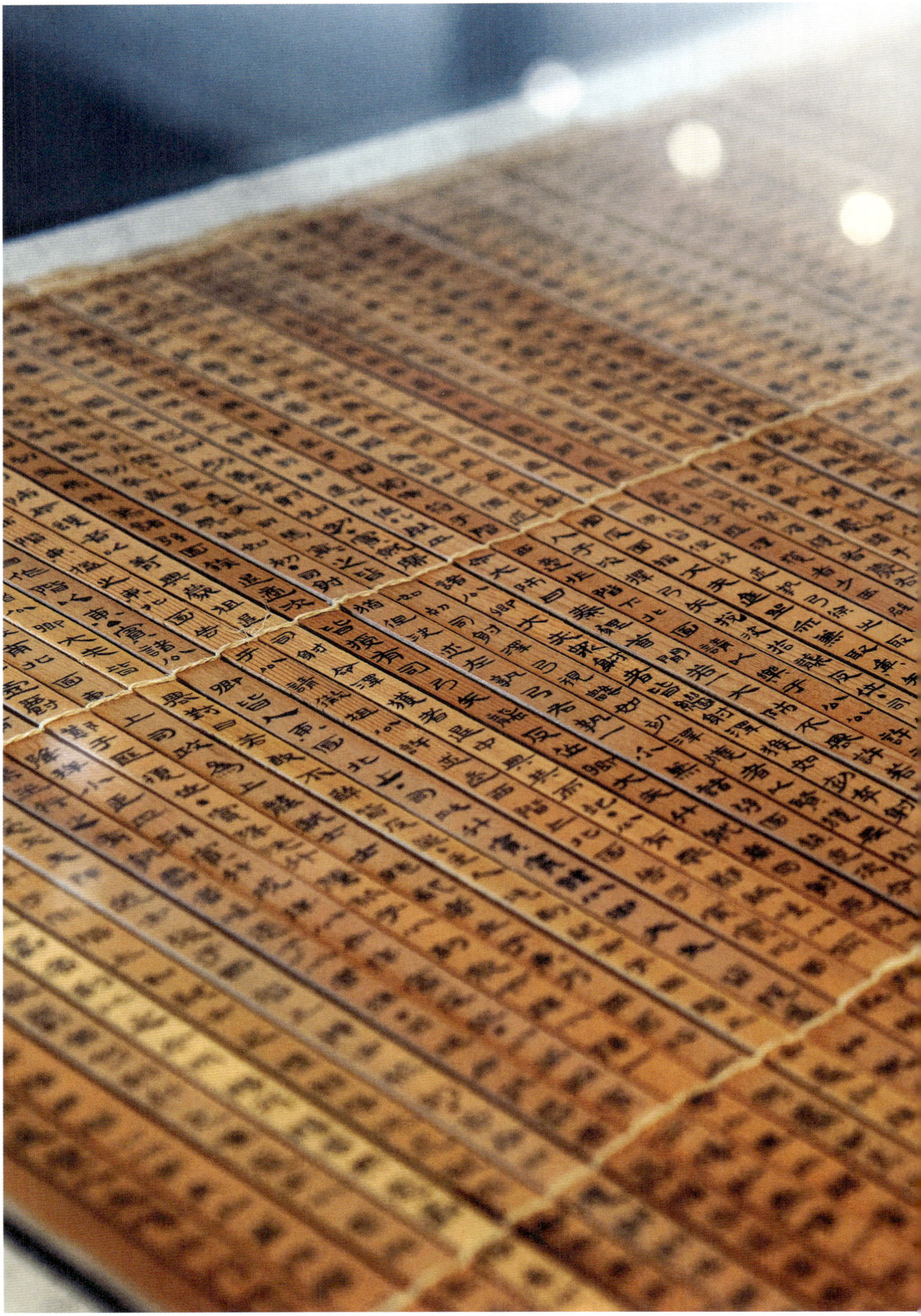

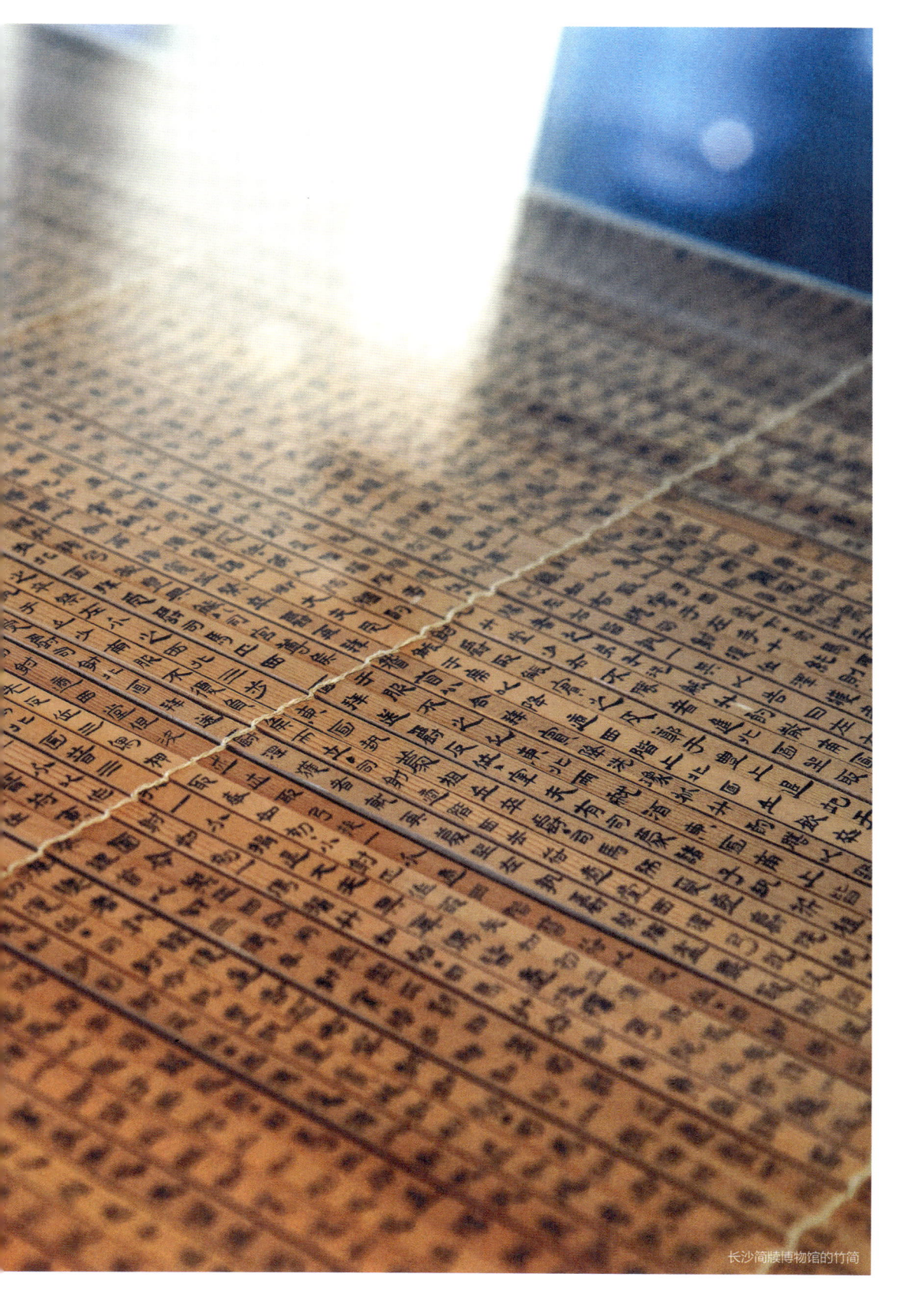

长沙简牍博物馆的竹简

制简工艺雕塑

型内庭和黑白外墙设计。博物馆的藏品包括吴简、西汉简、东汉简和渔阳墓出土文物。其中，吴简主要是走马楼三国孙吴纪年简牍，于1996年在长沙走马楼J22号古井窖出土，数量达10余万件，内容大致可以分为符券类、簿籍类、书檄类和信札类，以及其他杂类；渔阳墓出土文物是1993年发掘的西汉长沙王后"渔阳"墓出土的简牍、金玉器、木漆器等文物。

◎ 简牍中的中华文明

长沙简牍博物馆设有两大基本陈列，分别为"文明之路——中国简牍文化展""湘水流过——湖南地区出土简牍展"。"文明之路——中国简牍文化展"分为4部分："三国吴简""中国简牍""世界文字载体""中国简牍书法"。其中，"三国吴简"重点展示了吴简中关于赋税、籍簿、司法、户籍、职官、纪年等内容，再现了古代简牍制作、生活及简牍发现、发掘场景。"湘水流过——湖南地区出土简牍展"分为潇湘弦歌和简里湖湘，按照时间顺序，以湖南地区出土的简牍内容为脉络，介绍了湖湘地区的历史。

宝鸡青铜器博物院

——青铜器之乡的由来

坐标：陕西省宝鸡市
博物馆等级：国家一级
荣誉：全国最大的青铜器主题博物馆

南邻秦岭，北触渭水，西接石鼓阁，东临茵香河，不仅有广博高深的周秦文化、收藏着有厚重历史感的出土文物，更有着美不胜收的园林风光，这便是传播中华民族优秀文化和对外交流的重要窗口——宝鸡青铜器博物院。

◎ 高台门阙，青铜厚土

坐落在宝鸡市中华石鼓园内的宝鸡青铜器博物院，其建筑面积为3.48万平方米，博物院整体的造型是以石鼓为底座，以铜镜为馆顶，巧妙地将石鼓与铜镜相结合，凸显了周秦文化的风韵。其主体建筑共有5层，运用了"高台门阙，青铜厚土"的建筑语言，气势恢宏、庄严肃穆，象征着宝鸡在中华古代文明发展史中的尊崇地位。馆内收藏有文物12761件（组）。馆藏文物不仅数量多、种类全，且品位高、价值大，最为有名的藏品当数商周青铜器。

1. 黄昏中的宝鸡青铜器博物院
2. 泥塑工匠
3. 西周何尊

◎ 青铜器之乡

　　博物院的基本陈列"青铜铸文明"包括4部分："青铜器之乡""周礼之邦""帝国之路""智慧之光"。整个陈列涵盖了宝鸡地区出土的包括何尊、逑盘、秦公镈等百余件国宝在内的1500多件商周时期的青铜器，这些青铜器或厚重凝练，气势雄浑，或工艺高超，精美绝伦，还有的以铭文见长，具有极高的研究价值。除此之外，博物院还设有"涵镜流光——宝鸡古代铜镜陈列""泥的语言，火的艺术——宝鸡陶瓷艺术展""西府佛缘——宝鸡佛教艺术展""玉振金声——宝鸡古代玉器、金银器展"等专题陈列，通过体量巨大、内容丰富的文物，结合匠心独运的展示方式，从诸多角度表现了宝鸡古老悠久的历史文化。

中国电影博物馆

——光与影的殿堂

坐标：北京市
博物馆等级：国家一级
荣誉：青少年电影文化活动基地
世界上最大的国家级电影专业博物馆

世界电影诞生于 1895 年，1896 年被引入中国，而中国的第一部电影《定军山》拍摄于 1905 年。为了纪念中国电影诞生 100 周年，中国电影博物馆于 2005 年建立，2008 年正式对公众免费开放，是迄今为止世界上最大的国家级电影专业博物馆。

◎ 薄纱遮面，别具一格

中国电影博物馆占地面积约 3.5 万平方米，建筑面积近 3.8 万平方米。在中国电影博物馆的主体建筑的前方，有一个形如"场记板"的平面组合，由巨大的银幕与广场上断续的斜墙构成。整个建筑以黑色为基础色调，外层饰以镂空图案的金属板。在夜景灯光的烘托下，整个博物馆如同蒙上了一层神秘的面纱，独具特色，格外有吸引力。

◎ 向祖国 70 华诞献礼

中国电影博物馆的展示总面积约 1.3 万平方米，设有 21 个展厅和对外公共活动及

中国电影博物馆外景

展示区域。为庆祝中华人民共和国成立 70 周年，博物馆推出了大型主题展览"光影抒华章　奋斗新时代"。整个展览分为两大部分，第一部分为"壮丽 70 年"，展示了中华人民共和国成立 70 年来创作的优秀国产影片，展现了中国共产党在革命、建设和改革的实践中，探索前行、砥砺奋进，取得了举世瞩目的伟大成就。第二部分为"奋斗新时代"，展现了自党的十八大以来，在以习近平同志为核心的党中央亲切关怀和领导下，广大电影工作者坚持以人民为中心的工作导向，深入生活、扎根人民，推动中国电影事业取得的历史性进步。中国已成为世界第二大电影市场，银幕数量位居世界第一。中国正从电影大国向电影强国迈进。另外，博物馆还设有"百年历程　世纪辉煌"展览，展示了中国电影百年发展历程。

中国紫檀博物馆

——展示紫檀艺术，保护历史遗产

坐标： 北京市
博物馆等级： 无
荣誉： 国家 AAAA 级旅游景区
　　　国家级非物质文化遗产

中国自古就有崇尚紫檀之风，唐代诗人孟浩然便写有"浑成紫檀金屑文，作得琵琶声入云"的诗句。如若想深入了解紫檀艺术，中国紫檀博物馆是最好的选择。馆长陈丽华希望人们在这里既能领略古典建筑艺术之美，也能领悟中国雕刻艺术的文化内涵。

◎ 罕见的仿古建筑

中国紫檀博物馆占地面积 2.5 万平方米，展厅面积 9569 平方米，设有中央大厅、陈列厅、会议厅、贵宾厅、多功能厅及临时展厅等。整个博物馆如同一件工艺品，完美壮观又处处设计巧妙，古风浓郁但也不乏现代气息。博物馆的正门全部为纯木结构，大门由 4 根高 8 米、粗（直径）0.6 米的柱子支撑。主体建筑共 5 层，使用古代磨砖对缝的建筑工艺，墙面光滑平整。馆前的广场则用大青砖铺设后再浸渍桐油，构成海漫斗板地面。

1. 中国紫檀博物馆外景
2. 清式正厅
3. 紫檀模型：山西五台山龙泉寺牌坊

◎ 紫檀文化，风采卓然

　　博物馆收藏的藏品有近千件，藏品展示主要包括明清家具陈列展示，佛教文化艺术品展示，传统家具材料、造型、结构展示，雕刻工艺展示等。另外，博物馆还展示了由珍贵的紫檀木雕琢演绎而成的微缩的中国古建筑景观，如故宫的角楼、紫禁城御花园中的千秋亭与万春亭、山西五台山龙泉寺牌坊、北京四合院、山西飞云楼、老北京古城门建筑模型……

北京汽车博物馆

——讲故事，学探索

坐标：北京市
博物馆等级：国家一级
荣誉：国家 AAAA 级旅游景区
　　　中国第一座汽车博物馆
　　　全国文物系统先进集体
　　　全国优秀科普教育基地
　　　中国汽车文化推广基地

在人类文明史上，能够与火的发明与使用相提并论的是轮子的发明与使用。有了轮子，才有了车的发展。人们常说历史如车轮，所以车的历史也像轮子一样，从马车到汽车，滚滚向前。在北京汽车博物馆，不仅能了解车的历史，还能探索车的奥秘。

◎ 汽车的过去、现在和未来

北京汽车博物馆是我国唯一一家由政府主导建设的汽车类专题博物馆，收藏的门类包括车辆类、构成类、文献类、模型类、票牌类、杂项类等六大类，分设创造馆、进步馆、未来馆。其中，创造馆展示了世界汽车的发展历史，详细介绍了中国汽车工业的发展情况；进步馆带领参观者解构汽车，探索汽车的内部结构、工程技术、安全性能以及设计生产；未来馆则侧重于探索汽车未来的发展方向。

$\frac{1}{2}$

1. 早期的汽车手工作坊
2. 汽车合资合作发展史

◎ 独具特色的超现代风格建筑

博物馆总建筑面积约 5 万平方米，地上 5 层，地下 1 层，总高度 49.195 米。博物馆的建筑采用了超现代的建筑风格，气势雄伟，造型新颖独特。尤其是"眼睛"外形、柔和曲线，大胆而灵活，表达了"放眼世界，面向未来"的寓意。博物馆馆厅中央设有到目前为止最大的室内钢梯之一——3 座双曲旋转钢梯。而钢梯一侧可摆放 20 辆经典名车的垂直循环展览装置更是点睛之笔。除此之外，博物馆外的广场东侧还设置了以老式蒸汽火车及仿真还原车站为特色的售票区，象征了随着汽车的诞生，人类从此踏上了汽车创新发展的旅途。

中国状元博物馆
——一座馆涵养一座城

坐标：安徽省黄山市
博物馆等级：国家二级
荣誉：安徽省爱国主义教育基地
　　　　安徽省廉政教育基地

已经有1800多年历史的安徽省黄山市休宁县，素有"东南邹鲁"之誉。从宋朝到清朝，休宁县产生了19位状元，被誉为"中国第一状元县"。中国状元博物馆在这里设立，是目前国内唯一一家展示状元文化的综合性博物馆，收藏了大量文物，见证并还原了那段历史。

科举考试试卷

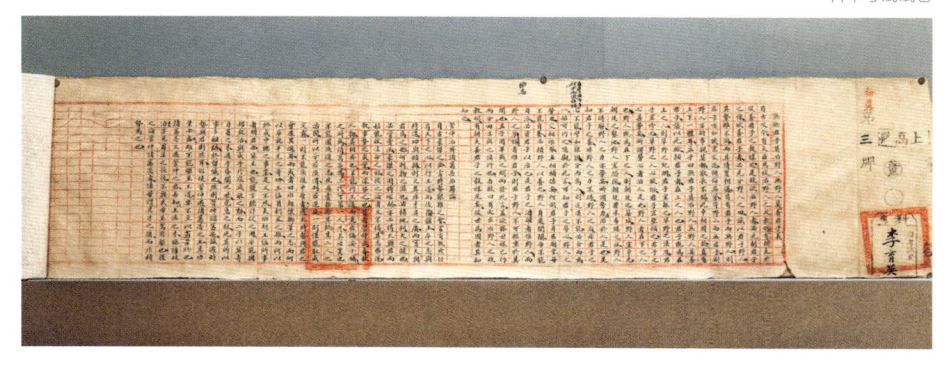

古代科举殿试场景雕塑

◎ 飞檐戗角，金碧辉煌

中国状元博物馆建立在休宁县旧县衙遗址上。整个博物馆包括状元文化广场、状元文化公园、状元楼、附属庭院建筑四大部分，总占地面积约13万平方米。其中，坐落在海阳钟鼓楼前的状元文化广场占地面积7100平方米。地面上的主要图案为"三甲"图，用红砂石铺设而成。在广场的纵横轴线上，立着四柱青石状元坊和"海阳八景"石雕柱，北部的围墙上还镶有16块石雕花窗，这些花窗均以千年科举为主题。状元文化公园位于状元文化广场东侧，主要建筑有文昌阁、海阳书院等。附属庭院建筑建有状元文化报告厅、"状元及第"门坊，以及藕花池、秋水亭、快雨廊、半亭等徽州园林建筑。

◎ 走进中国科举风云

中国状元博物馆设有"状元楼""平政堂""道德馆"等6个展厅，以一种全新的方式诠释了"状元文化"，全面地展示了19位状元的事迹。博物馆现设的基本陈列为皇家密档与休宁状元展、状元文化展、海阳珍宝展、"荫馀堂"展、休宁古代书画展、齐云山碑刻展等。博物馆收藏有554件状元文化类珍贵藏品，镇馆之宝包括休宁状元黄思永殿试试卷、乡试题目刻印实帖、洛阳状元胜迹图、御赐休宁状元黄轩"福"字匾、御赐休宁八品顶戴军功牌和御赐休宁状元金德瑛"福"字立轴等。特别是馆藏的金德瑛状元家训墨宝，长达32页，教育后代子孙要摒弃浮华虚荣、崇尚俭朴、修身立德。

中国文字博物馆

——现汉字文化风貌，展中华文明

坐标：河南省安阳市
博物馆等级：国家一级
荣誉：中国首座以文字为主题的博物馆
　　　全国科普教育基地
　　　全国中小学生研学实践教育基地

汉字，是传承中华文明的重要载体。中华文明因汉字的稳定与传承而绵延至今，且形态完好。2006年，殷墟被联合国教科文组织列入《世界遗产名录》。2017年，甲骨文被列入《世界记忆名录》。历史文化积淀深厚的安阳也成为中国文字的圣地。基于此，这里建立了中国文字博物馆。

◎ 再现殷商宫廷风韵

中国文字博物馆位于甲骨文的故乡——河南省安阳市，是中国首座也是唯一一座以文字为主题的国家级博物馆。博物馆主体建筑采用的是浮雕金顶，再现了殷商宫廷建筑的风韵。门前矗立着一座高18.8米、宽10米的文字牌坊，为甲骨文、金文中的"字"字形。去往主展馆的道路两旁是碑林，碑林由28片极具代表性的青铜甲骨片组成。

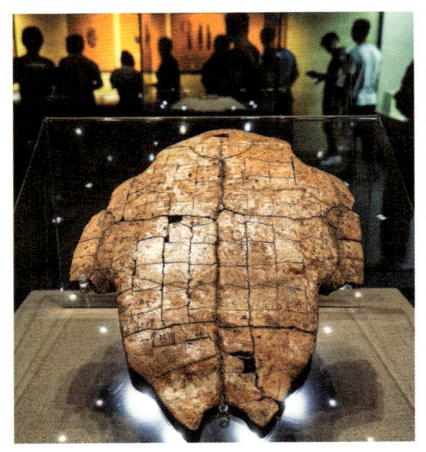

1. 中国文字博物馆外景
2. 甲骨
3. 活字

◎ 中国文字从何而来

　　博物馆收藏有文物4000余件，涵盖了甲骨文、金文、简牍和帛书、汉字发展史、汉字书法史、少数民族文字、世界文字等诸多方面。博物馆的基本陈列以中国文字的起源、发展的文化史为主要线索，以出土文字载体和文物为主要基石，汇聚了历代文字精华，令参观者穿越千年时光，纵览中国文字发展的光辉历程。这是一个文字的王国，基本陈列分为"字法自然""甲骨纪事""钟鼎千秋""物以载文""文字一统""由隶到楷""说字传义"等，从仓颉造字到甲骨文发掘，从秦始皇统一文字到计算机革命，从活字印刷到数码打印，从造纸工艺到编程排版，讲述了一部千姿百态的文字发展史。

参考资料

[1] 藏羚羊旅行指南编辑部. 中国最美的100个博物馆（第1版）[M]. 北京：人民邮电出版社，2015.

[2] 《玩全攻略》编辑部. 杭州玩全攻略[M]. 北京：化学工业出版社，2016.

[3] 吴亚生. 展示空间设计基础[M]. 北京：生活·读书·新知三联书店，2012.

[4] 李宗英，张梦阳. 六十年来鲁迅研究论文选（上）[M]. 北京：知识产权出版社，2010.

[5] 王蒙，茹坚. 金石萃珍：平凉历代碑刻金文选[M]. 北京：人民文学出版社，2018.

[6] 沈阳市人民政府地方志办公室. 沈阳市志（1986—2005 卷4）[M]. 沈阳：沈阳出版社，2016.

[7] 郑彭年. 丝绸之路全史[M]. 天津：天津人民出版社，2016.

[8] 《中国大百科全书》总编委会. 中国大百科全书（第二版）（第8册）[M]. 北京：中国大百科全书出版社，2009.

[9] 西汉南越王博物馆. 南越絮语[M]. 广州：广东人民出版社，2016.

[10] 郭宪增. 半道拾遗——博物馆及文化遗产保护的研究[M]. 西安：陕西人民出版社，2016.

[11] 武汉地方志编撰委员会. 武汉史志·文物志[M]. 武汉：武汉大学出版社，1990.

[12] 陈履生. 博物馆之美[M]. 桂林：广西师范大学出版社，2020.

[13] 李刚，李薇. 明清陕晋徽三大商帮比较研究[M]. 北京：中国社会科学出版社，2014.

[14] 李洪波，赵艺. 北京名胜文化[M]. 北京：中国人民大学出版社，2017.

[15] 胡盈. 世界博物馆导读[M]. 上海：华东师范大学出版社，2018.

[16] 徐玲. 博物馆与传统庙宇建筑（1949—1966）[J]. 故宫博物院院刊，2018（6）.

[17] 国博简介[OL]. 中国国家博物馆网站：http://www.chnmuseum.cn.

[18] 故宫总说[OL]. 故宫博物院网站：http://www.dpm.org.cn.

[19] 遵义会议（1935年1月）[OL]. 中国政府网_中央人民政府门户网站：http://www.gov.cn/test/2009-09/25/content_1426390_2.htm.

[20] 国家文物局关于公布2019年度全国博物馆名录的通知[OL]. 国家文物局官网：http://www.ncha.gov.cn/art/2020/5/18/art_2318_43812.html.

[21] 人民日报. 韶山毛泽东纪念馆：重温中国革命[OL]. http://dangshi.people.com.cn/n1/2016/1007/c85037-28758030.html.

本图书由北京出版集团有限责任公司依据与京版梅尔杜蒙（北京）文化传媒有限公司协议授权出版。

This book is published by Beijing Publishing Group Co. Ltd. (BPG) under the arrangement with BPG MAIRDUMONT Media Ltd. (BPG MD).

京版梅尔杜蒙（北京）文化传媒有限公司是由中方出版单位北京出版集团有限责任公司与德方出版单位梅尔杜蒙国际控股有限公司共同设立的中外合资公司。公司致力于成为最好的旅游内容提供者，在中国市场开展了图书出版、数字信息服务和线下服务三大业务。

BPG MD is a joint venture established by Chinese publisher BPG and German publisher MAIRDUMONT GmbH & Co. KG. The company aims to be the best travel content provider in China and creates book publications, digital information and offline services for the Chinese market.

北京出版集团有限责任公司是北京市属最大的综合性出版机构，前身为1948年成立的北平大众书店。经过数十年的发展，北京出版集团现已发展成为拥有多家专业出版社、杂志社和十余家子公司的大型国有文化企业。

Beijing Publishing Group Co. Ltd. is the largest municipal publishing house in Beijing, established in 1948, formerly known as Beijing Public Bookstore. After decades of development, BPG now owns a number of book and magazine publishing houses and holds more than 10 subsidiaries of state-owned cultural enterprises.

德国梅尔杜蒙国际控股有限公司成立于1948年，致力于旅游信息服务业。这一家族式出版企业始终坚持关注新世界及文化的发现和探索。作为欧洲旅游信息服务的市场领导者，梅尔杜蒙公司提供丰富的旅游指南、地图、旅游门户网站、App应用程序以及其他相关旅游服务；拥有Marco Polo、DUMONT、Baedeker等诸多市场领先的旅游信息品牌。

MAIRDUMONT GmbH & Co. KG was founded in 1948 in Germany with the passion for travelling. Discovering the world and exploring new countries and cultures has since been the focus of the still family owned publishing group. As the market leader in Europe for travel information it offers a large portfolio of travel guides, maps, travel and mobility portals, Apps as well as other touristic services. Its market leading travel information brands include Marco Polo, DUMONT, and Baedeker.

DUMONT 是德国科隆梅尔杜蒙国际控股有限公司所有的注册商标。

DUMONT is the registered trademark of Mediengruppe DuMont Schauberg, Cologne, Germany.

杜蒙·阅途 是京版梅尔杜蒙（北京）文化传媒有限公司所有的注册商标。

杜蒙·阅途 is the registered trademark of BPG MAIRDUMONT Media Ltd. (Beijing).